仕事も お金も 恋愛も 結婚も、
すべてを勝ち取る
最強ルール50

結局、女は「あざとい」が勝ち！

結婚相談所マリーミー代表
婚活アドバイザー
植草美幸［著］
清談社［構成］

清談社
Publico

私のもとには「結婚したいけど、できない」という
ご相談が日々舞い込んできます。

本人は魅力的で素敵な女性なのに、
なぜか人生が思いどおりにいかず、いいご縁にも結ばれない……。
私はそんな彼女たちの「ある共通点」に気づきました。
それは、「あざとくない」ということ。

Contents

Contents

目次

Story 02 「あざとい」女性が大切にされる理由

Contents

目次

Story 03
「あざとい」で人生をコントロールする方法

Contents

目次

Prologue

「あざとい」の魔力

婚活論争を巻き起こした『ザ・ノンフィクション』の放送

みなさん、初めまして。この本を手にとってくださって、ありがとうございます。

婚活アドバイザーの植草美幸《うえくさみゆき》です。

2009年に東京・表参道《おもてさんどう》で結婚相談所「マリーミー」を設立し、今年で17年目になります。

これまで数多くの方々の婚活をサポートしてきました。

マリーミーの会員さんはもちろん、ラジオやYouTube、ウェブメディアなどを通じて、私のもとには毎日、婚活相談、恋愛相談が届きます。**これまで累計2万件以上、結婚や恋愛に悩む方のご相談に乗ってきました。**

恋愛や婚活のお悩みはとても複雑です。その人が生きてきた環境や培ってきた価値観によって、ものごとの捉え方は違います。ましてや男性と女性では脳の構造が異なるため、些細《ささい》なことでも、一度行き違ってしまえば、修復するのは、そう簡単ではありません。

それは結婚相談所のリアルな現場を見ていただければわかると思います。**私はこれまで『ザ・ノンフィクション』(フジテレビ系)という番組に2度、密着していただきました。**本来、とてもプライベートな活動である婚活を、あえてみなさんにお見せしようと決めたのは、婚活のリアルを、より多くの方に知っていただきたかったからです。

1度目の放送は2022年1月。新型コロナウイルス禍のなかでの婚活に密着した内容でした。2度目は2024年2月の放送。コロナ禍が落ち着き、やっと以前のような婚活ができるようになったことで再度、テレビ取材を受けることになったのです。実際にマリーミーで婚活をしている会員さんに協力していただき、お見合いやデート、私とのカウンセリングの様子など、さまざまなシーンをひとりのディレクターさんがカメラ一台で撮り続けています。

おかげさまで、2度の放送は、どちらも大反響。

番組終了後、X（旧ツイッター）では『ザ・ノンフィクション』がトレンドワード1位に。いわゆる「バズり現象」を巻き起こしました。

番組をごらんになって、ネット上では婚活に関する議論があちこちで行われていたようです。こうして多くの方々に結婚相談所のリアルを見ていただき、考えるきっかけになったことは、当事者として、とてもうれしく思います。

番組をごらんになった方はわかると思いますが、結婚相談所には異性とのコミュニケーションに苦手意識を持つ方や恋愛経験が少ない方もいます。それでも事前にアドバイザーからのレクチャーを受け、万全の状態でお見合いやデートに臨んでいます。その日、相手と話す内容を台本にして持参する方もいるくらいです。しかし、**どれだけ準備しても、それが実を結ぶとは**

かぎらない。ひと筋縄ではいかないのが婚活なのです。

あなたの人生に「恋愛、結婚の壁」が立ちはだかる本当の理由

番組を見ながら、「私だったら絶対にこうするのに」と思った方もいることでしょう。ところが、実際にお見合い相手を目の前にすると、シミュレーションどおりにはいかないものです。それどころか、自分では成功したと感じたデートでも直後に交際をお断りされるケースは山ほどあります。ほんの些細なことがきっかけで「この人はない」とバッサリ切られることも。厳しいと思いますか？　でも、しかたありません。婚活の目的は、あくまで結婚相手を探すこと。**条件に合った相手との成婚にいたるためにはムダな時間を過ごしている暇などないのです。**

私のもとには「結婚したいけど、できない」というご相談が日々舞い込んできます。

「結婚したくて、そのために努力もしているのに、なぜかいい相手に巡り合えないんです」

本人は魅力的で素敵な女性なのに、なぜか人生が思いどおりにいかず、いいご縁にも恵まれない……。

多くのご相談を受けるなかで、私はそんな彼女たちの「ある共通点」に気づきました。

それは、「あざとくない」ということ。

真面目で努力家なのに、「あざとくない」から損をしている。

やさしくて男性に一所懸命尽くすのに、「あざとくない」から大切にされない。

「あざとい」は女性の武器なのに、なんてもったいないのだろうと思うことが、たくさんありました。逆に、**婚活の現場では「あざとい女性」（本書では「あざと女子」と呼びます）は本当にモテるのです。**

「あざと女子」は、なぜモテる？

昔、知り合いの女性に誘われ、食事に行ったときのことです。

彼女は昔から「あざと女子」として有名で、何人もの男性からアプローチされてきました。そんな彼女が最終的に選んだのは、ある会社経営者の男性。結婚後は専業主婦として子育てをしつつ、何不自由ない生活を送っていました。

そんな彼女が待ち合わせに指定したのは、駅からそう遠くないレストラン。道順もシンプルで迷いようがありません。私も彼女も少し早めに到着し、合流することができました。すると着いて早々、彼女が電話をかけ始めました。相手はご主人です。

「もしもし？　はい、ちょうどいま、植草さんとお会いできて、お席に座ったところよ。大丈夫。安心して。ありがとう」

なぜ、彼女が「あざと女子」と言われるのか、この会話を聞いてはっきりしました。

おそらく、ご主人は彼女がお店まで迷わないよう前日に道順をレクチャーしていたのでしょう。普通なら「迷いようのない道だったから大丈夫だった」のひと言で終わるところです。しかし、彼女は心配して電話を待っているご主人に感謝の気持ちを伝えるために、「あなたに教わったとおりに歩いてみたら、ちゃんと着いたの。ありがとう。安心して」という言葉を添えたのです。

こう言われたら、ご主人だって教えたかいがあったと、うれしくなりますよね。

女性にほめられると、男性は何度も同じことを繰り返します。ご主人はこれから彼女がどこに行くにも事前にルートを調べて教えてくれることでしょう。「あざとい」と、こんなふうに周りが勝手にあなたのために動いてくれるようになるのです。

ちなみに、彼女はこのとき40代半ば。結婚20年を迎えていました。

「あざとさ」が何歳になっても使える「愛されテクニック」だということは、彼女が証明してくれています。

２０２３年に「20代男性の約２人に１人が『交際経験なし』」という調査結果が出たことが

話題になりました（リクルートブライダル総研「恋愛・結婚調査2023」）。

現代の若い男性は恋愛を面倒なことと認識しているようです。マリーミーでも、「相手の男性が終始受け身で、全然盛り上がらなかった」と嘆く女性も大勢います。背景には男性の恋愛経験の少なさも影響しているのは間違いないようです。

ただ、**私はすべての原因が男性にあるとは思いません。女性は女性でサービス精神のない人があまりにも多いのです。**

「お見合いは男性がリードするもの！」

「デートで行き先が決まっていないなんて、ありえない！」

ひょっとして、あなたもこんなふうに思っていませんか？

残念ながら、このマインドでいるかぎり、あなたの婚活は苦戦します。

逆に、「あざと女子」は積極的でサービス精神の塊です。フットワークが軽く、すぐに行動に移します。相手に主導権を握らせません。欲しいものをみずから進んで勝ちとりにいくガッツもあります。

「あざとい」が女性に敵視されていた時代もありましたが、最近はプラスの意味で捉えられることも増えてきました。受け身で消極的な男性が増えた現代では、白馬に乗った理想の王子さまが目の前に現れるのを待っているだけでは幸せになれません。

そこで、本書では「恋愛、結婚」だけでなく、「仕事とお金と成功」も含めて、「欲しいものはすべて自分で勝ちとる、あざと賢い女性」になるためのアドバイスをします。

「あざと女子」になって、すべてを手に入れる

これまで数々の会員さんをサポートして結婚へと導いてきましたが、成婚にいたるまでには、いろいろな人間ドラマがありました。映画のようなロマンチックなラブストーリーも、「嘘《うそ》でしょ!?」と言いたくなるようなトラブルも、婚活最前線は日々ドラマのようなできごとにあふれています。

そこで、この本は、私のこれまでの経験をもとに、読みやすいようストーリー仕立てにして、みなさんの参考になるような構成にしました。

とはいえ、私自身は小説家ではありませんので、ストーリー部分は今回、書籍の制作に携わってくださった清談社《せいだんしゃ》さんが書いてくださっています。私の経験をもとに脚色を加え、物語にしてくださいました。

ストーリーは人生に悩む、世代も生き方もバラバラの3人の女性が、それぞれ「あざとテクニック」を学び、身につけるというものです。舞台はマリーミーをモデルにしていますが、登

場人物はもちろん全員、架空のキャラクターです。婚活をレクチャーする立場として、私も本人役で登場しています。

1人目の主人公は33歳の会社員。いつの間にか30歳を過ぎ、周りがほとんど結婚している現実に気づきます。何年も恋愛そのものから遠ざかっている状態で、このままではいけないと、慌てて婚活を始めます。

2人目の主人公は26歳のいまどき女子。同棲中《どうせいちゅう》の彼がいましたが、まったく結婚の気配がないことで別れを決心します。そして、「27歳で結婚」という目標を抱え、マリーミーへとやってきます。

3人目の主人公は40歳のバリキャリ女性。仕事ひと筋で生きてきた彼女は自分のスペックに強い自信とプライドを持っています。当然、結婚相手も自分にふさわしい人でなければ認めません。

年齢も性格もバラバラな3人は「あざと女子」に変身できるのでしょうか？

楽しくて、ためになる、ドラマのような婚活エピソードを、どうぞお楽しみください。

【おことわり】この作品はフィクションです。登場する人物、団体、名称等は架空であり、実在のものとは関係ありません。

Story 01

「あざとい」で人生を思いどおりにする方法

Profile

| name: Mai Machida | age: 33 |

町田真衣 (33)

職業 食品メーカー事務(勤続10年)

年収 400万円

趣味 漫画、ゲーム

恋愛経験 つきあった彼氏2人。彼氏いない歴5年以上

結婚相手に望む条件 大卒、年収500万円以上。やさしくて真面目な人

休日の過ごし方 インドア派。漫画を読むか、動画配信サービスで映画を観る

結婚観、理想の夫婦像 夫婦で共通の趣味を一緒に楽しみたい

Mai's Story 01
33歳、「マッチングアプリモテ」の大いなる勘違い

ここは東京・表参道。高級ブティックや最先端のお店が立ち並び、カップルでにぎわう街のなかにある結婚相談所「マリーミー」。大通りに面した店舗の最上階でエレベーターを降りると、真っ白なウエディングドレスがディスプレイされている。

ドアを開けると白を基調とした明るい空間が広がっており、おのおののカウンセリングルームで、アドバイザーが会員と話し合っている声が聞こえてくる。

併設された美容院からは専属スタイリストと会員の和気藹々《わきあいあい》とした声が漏れ、それらの部屋を通ったいちばん奥に「植草美幸コース」会員専用のカウンセリングルームがある。

マリーミーでは会員の方々が「結婚」という目標に向かって活動している。婚活の進み具合は人それぞれ。婚活を始めたばかりの人、複数人と仮交際（初回のお見合い後に「また会いたい」と思った相手とデートを重ねる期間のこと）中の人、今月プロポーズ予定の人もいる。共通しているのは、みんな目標に向かってまっすぐ邁進《まいしん》していることだ。

その気持ちに応えるべく、アドバイザーは目の前に座っている会員を息子や娘だと思い、二人三脚でゴールまで併走していく。もちろん人生の節目、「結婚」という大勝負を決めるのだから、そこには大きな責任がともなう。会員のプロポーズが決まったときは、毎回うれしさより先に安堵感《あんどかん》が胸のうちを占め、肩の荷が下りた感覚になる。

さまざまな紆余曲折《うよきょくせつ》を経て、多くの方がこのマリーミーを卒業していく。カウンセリングやアドバイスによって「人生が変わった」と喜んでくれる人がいることがアドバイザー、植草美幸にとっては最高の幸せなのだ。

✦ + ✦ + ✦

この日、マリーミーのカウンセリングにやってきたのは33歳の会社員で最近入会したばかりの女性、町田真衣。

長年、恋人がいなかった彼女が結婚相談所への入会を決めたのは、「マッチングアプリで起きたある出来事」がきっかけだった。

真衣　マッチングアプリで会った人が本当にひどかったんです。

そう言うと、真衣は勢いよく話し始めた。

真衣　3回目のデートのとき、向こうが財布を忘れたって言うので、私が代わりに払ったんです。映画のチケット代ひとり2000円にポップコーンとドリンク代1500円、そのあとカフェでケーキと紅茶のセットを頼んだ分、1600円。あとで返すって言うから全部、私が払いました。でも、結局、返してもらえないまま音信不通になっちゃったんです。私、彼にだまされたのでしょうか？

植草　ちょっと待って、真衣さん。いったん整理しましょう。その彼……なんという方？

真衣　山本《やまもと》さんです。でも、いま思うと名前も嘘かもしれません。プロフィールには有名私大卒とか大手商社勤務とか書いてましたけど、自分の話は全然してくれなかったし。

植草　真衣さんは1回目のデートのあと、山本さんとおつきあいすることになったんですよね？

真衣　いえ、つきあってはいないです。ただ、このままいけばつきあうかな？　って感じでした。そういう空気ってあるじゃないですか。そろそろ次のデートで告白されるかなって。

植草　でも、突然、音信不通になったと。

真衣　おかしいとは思ってたんですよ。LINEの返信は遅いし、心配して電話しても出ないし、折り返してもこない。最後のデートには大幅に遅刻したうえに、財布も持ってこなくて。よく考えたら、いまどき財布がなくてもスマホがあれば大概どうにかなりますよね？　別れ際に、「このあと人と会う予定があるから、1万円だけ貸してほしい」って言われて、それも渡したんですよ！　挙げ句の果てに着信拒否されて、SNSも全部ブロックされていました。

植草　ちなみに、もう一回聞くけど、出会いのきっかけは……。

真衣　マッチングアプリです。

怒りと悲しみに満ちた表情を見ていると、つい、「それは大変だったわね」と声をかけたくなる。

しかし、ここは慰めの場ではない。

植草　真衣さん、山本さんのことはもう忘れましょう。

真衣　そんな……どうしてですか？

植草　残念だけど、マッチングアプリって、そういうことが珍しくないの。男女ともにね。

真衣　でも、運営にはクレームしたほうがいいですよね？　だって、私……山本さんと、お泊まりだってしたんですよ。いますぐ結婚したいって言ってたから深い仲になったのに。体とお金目当ての男が登録してるアプリなんて危険すぎます。

植草　運営側はそのようなクレームに対応なさらないと思いますよ。どちらにせよ、**あなたの貴重な時間をこれ以上、その変な男性のために使う必要ってあるでしょうか？**

真衣　ないですけど……でも。

植草　これ以上、追いかけても、何も手に入りません。あなたの時間がムダになるだけ。ろくでもない男と早めに終わることができてよかった。勉強だと思って忘れましょう。

　真衣は何か言いかけるが、言葉にならず、大きなため息をついた。

真衣　……そうですよね。私みたいな女に、そんな簡単に彼氏ができるわけがないですよね。山本さんに、かわいいかわいいって会うたびにほめられて、すっかり浮かれていました。

　ついさっきまでの勢いは一瞬で消え、明らかにトーンダウンしている。

真衣　30過ぎて焦ってマッチングアプリに登録してみたら、イイネが100件もついて。人生でこんなにモテたことなかったから、うれしくて。それで会ってみたら変な男性ばかりで、もう疲れました。いいなと思ったイケメンとは何回か会ったら音信不通になるし。33歳にもなって何してるんだろう。マッチングアプリなんて、やらなきゃよかった。

植草　あのね、真衣さん。念のために言うけど、マッチングアプリが悪いわけじゃないし、あなたが悪いわけでもない。実際、ここ数年、マッチングアプリで出会って結婚するカップルはものすごい勢いで増えているのよ。ただ、真衣さんのような女性はマッチングアプリだと失敗しやすくもある。

真衣　それは私の恋愛経験が少ないせいでしょうか？

植草　それも多少はあります。でもね、それ以上に**問題なのはマッチングアプリが生み出す勘違い。**この勘違いのせいで彼氏が欲しい、早く結婚したいと真剣に出会いを求める真衣さんのような女性が大幅に婚期を遅らせているんです。

真衣　勘違い、ですか？

植草　さっき、真衣さん、言ってましたよね。一気に100人以上の男性にアプローチされて、こんなにモテたことなかったから、うれしかったって。あのね、マッチングアプリでどれだけチヤホヤされても、「モテている」なんて思っちゃダメよ。

真衣　たしかにアプリを始めて私、意外とまだイケるのかもって変な自信が少し生まれかけていました……。

植草　マッチングアプリを使う人は必ずしもみんながみんな、本気で結婚相手を求めているわけじゃありません。**その場かぎりの甘い言葉にそそのかされて不誠実な男性に寄り道していると、あっという間に年だけ重ねて、本当の愛は遠ざかっていきます。**若ければ、それもひとつの経験としていいかもしれないけれど。

真衣　うっ、耳が痛いです……。

植草　イメージしてみてください。マッチングアプリは海。大海原。大魚も小魚もクジラもサメもいるなかから、自分が求める理想の魚を一本釣りするなんて相当難しいと思いませんか？

真衣　そんな熾烈《しれつ》な場所だったんですね……。

植草　そうです。弱肉強食。真衣さんのように男慣れしていない良くも悪くもまっすぐな女性は手痛い失敗をする確率がものすごく高い。それを覚えておきましょう。

真衣　はぁ〜。そもそも私みたいな恋愛弱者に、あんなイケメンがホイホイ寄ってくるなんて、ありえなかったのに。あはは。いやだなぁ、私ってば。

真衣はそう自嘲気味に笑うと、うつむいた。目には涙がうっすらにじむ。

植草　そういう手痛い失敗をした人たちが最終的にたどり着くのが結婚相談所なんです。だから、大丈夫。ここからまた頑張りましょう。

真衣　植草先生……。

植草　でも、ここで気をつけてほしいのは、**たとえマッチングアプリで100人以上からアプローチされていたとしても、結婚相談所ではお見合いの申し込みがまったく来ないってことは珍しくないってこと。**そうね、実際にお申し込みいただくのは10分の1かもしれないし、15分の1かもしれない。

真衣　そんなに少ないんですか？

植草　それだけ結婚相談所では男性も結婚に対する「本気度」が違うってこと。マッチングアプリは出会うことが目的だから。よさそうな子がいれば何十人にだって声をかけられるでしょ。しかも無料で利用できるものが多く、有料が珍しいくらい。お手軽なんです。もちろん、マッチングアプリのなかにも誠実で素敵な男性もいるでしょうけど、そういう人にはなかなか出会えません。その点、**結婚相談所は、それなりにコストもかけているし、仮交際に進める人数にもかぎりがある。**本気度が違うからこそ「この人、いいな」と思う人はみんなが狙ってると考えたほうがいいと思います。

真衣　つまり、自分が男性に選ばれる確率も、いいと思える相手とマッチングできる確率も、めちゃくちゃ低いってことですよね……。

真衣は、すっかり自信を失って、うなだれていた。

植草　それは真衣さんのやる気次第。マリーミーは2つの結婚相談所の連盟に加盟しているから、全国で約14万6000人の会員さんのプロフィールが見られるの。しかも、その半分が男性で、いますぐにでも結婚したい、という結婚願望の強い人たちの集団です。そのなかに自分がいいと思える男性は少なからずいるでしょうし、逆に、真衣さんのことをいいと思う男性も絶対にいます。ただ、**勘違いだけはさっさと捨てましょう。自分を客観的に評価できないと、恋愛も婚活も痛い目を見るから。**結婚相手はひとり。たったひとりでいいの。そのひとりを見つけるのが婚活です。

真衣　わ、わかりました。ちょっと男性にほめられたぐらいでぬか喜びして浮かれるのは、もうやめます！

植草　でも、そんな自分を変えたいから、今日は私のところに来てくれたんですよね？

○3○

Uekusa's Advice

マッチングアプリで「モテる」のは勘違いです

近年、マリーミーの会員さんに話を聞くと、「ずっとマッチングアプリで出会いを探していたんですが……」という方が男女ともにすごく増えました。とくに20代、30代前半は、まだそこまで結婚にも焦っていないし、若いのだから自分に合う人はすぐ見つかるだろう、と真衣さんのように婚活を甘く見てしまう人が多いように感じます。

マッチングアプリ＝悪、とはいいませんが、アプリでダラダラ相手探しをして、結婚する気もないような男性に20代という貴重な時間をささげてしまったり、お金目的の男性にハマってしまったりと、よくない出会いが転がっているのも事実だと思います。

また、マッチングアプリの弊害として私が懸念しているのは、真衣さんのように**「マッチングアプリではモテていたのに！」と自分の婚活市場での価値を見誤ってしまう人が多いこと。**

とくに恋愛慣れしていない人にありがちな勘違いですが、「かわいい」「きれい」「愛してる」など表面上の言葉を尽くし、女性の機嫌をとることに長《た》けている男性が、必ずしも本当にあなたのことを大切にしてくれるわけではありません。

最初はお金をたくさん出してくれたり、豪華なディナーに連れていったりしてくれたとしても、その男性があなたに「本気」だと思って舞い上がってはいけないのです。

「かわいい、かわいいと言ってほめてくれる」「私のためにバラをたくさん持ってデートの場所に現れた」「マメに連絡してくれる」などは、はっきりいって、あなたのことを本気で愛していなくてもできることです。

女性は男性の表面的な言葉や態度によって恋愛の本気度を測りがちですが、**大切なのは、目の前の男性が、あなたとの未来を本気で思い描いて関係を築こうとしているかどうかを、しっかり見定めること。**

結婚相談所のようにプロが仲介して、男女ともに先行投資したうえで探す出会いと、アプリでの出会いとでは本気度が大きく違うのは言わずもがなですが、アプリでチヤホヤされることに慣れてしまうと、いざ婚活市場に出て本気で結婚相手を探そうとしたときに、どれが本当の意味で誠実な男性なのかがわからなくなってしまいます。

誠実で結婚相手に最適な男性というのは、もしかしたら、最初は「つまらない」と感じることもあるかもしれません。アプリにかぎらずですが、表面的な男性の言葉を愛だと勘違いしてしまうと、本当にやさしくて誠実な男性と出会えているのに、何かもの足りなく感じ、結局、幸せを逃すことになりかねないのです。

その点、**私が見てきた「あざと女子」は男性の表面的なやさしさをしっかり見抜く目を持っています。**そして、真に愛情深くて自分を大切にしてくれる男性を見つけて、しっかり幸せをつかんでいるな、という印象があります。

というのも、「あざと女子」というのは、総じて自己分析に長けており、自分の恋愛、婚活市場での価値や、理想の人生にぴったり合う男性像というものを、しっかり思い描けているからです。

自己分析を究め、自分に合う男性がはっきりわかっているからこそ、一時的かつ表面的な男性の態度に惑わされず、幸せなゴールインを引き寄せられるのです。

大事なのは自己分析。相手ではなく、まずは自分自身のことを深く知ること。
それが「あざと女子」になるための第一歩です。

「あざと女子」のルール

RULE 1 男性の表面的なやさしさや甘い言葉に、浮かれない。

RULE 2 「あざと女子」は、自分のことを客観視して分析できる。

Mai's Story 02
ちゃっかり、いいとこどりの「あざと女子」

――マリーミーに入会する半年前。
真衣は学生時代からの親友のカナと、レストランで女子トークに花を咲かせていた。

真衣　えっ、優《ゆう》ちゃん、結婚するの？

ディナー客でにぎわっている店内に真衣の声が響いた。
隣の席のカップルが、ちらりと見る。

カナ　ちょっと、声大きいよ。
真衣　ごめん。でも、去年会ったときは、たしか仕事が恋人って宣言してたよね。結婚は全然考えてないって言ってたのに！
カナ　それがさ、優ちゃんの結婚相手、誰だと思う？

真衣　まさか、私が知ってる人？

　カナは真衣がよく知る大学の同期、市原蓮《いちはられん》の名前を挙げた。

真衣　嘘でしょ⁉　だって、あの２人、全然接点なかったじゃん。いつの間につきあってたの？

カナ　それがさぁ、去年、同期みんなで集まった飲み会。覚えてる？

　覚えている。学生時代は冴《さ》えなかった蓮が垢抜《あかぬ》けた大人の男に変身しており、しかも独身だったことで、女性陣みんなが色めき立ったのだ。もちろん、真衣も心を躍らせたひとりだった。

カナ　知ってる？　あいつ学生時代、ずっと優ちゃんに片思いしてたんだよ。でも、当時はダサかったし、相手にされなくてさ。それがイケメンになって現れたから、優ちゃんも「こいつにするか」ってなったんだろうね。

真衣　たしか、会社もいいところ勤めてたよね？

カナが誰もが知る大手企業の名前を口にする。大学時代は冴えなかった男がイケメンのエリートサラリーマンになった途端、まんまと持っていったということだ。

「本当にずるい」——真衣はそう言いたくなるのをグッとこらえた。

そんな真衣の心を見透かしたかのように、カナは口をとがらせ、文句を言い始める。

カナ　優ちゃんてさ、抜け目ないよねー、昔から。ああいうのを「あざと女子」っていうんだろうな。

真衣　「あざと女子」？

カナ　なんでもかんでも、いいとこどりしていく系女子。「結婚なんて〜」って私たちには言ってたのに、シレッといい男つかんじゃってさ。優ちゃんって、就活のときも「全然ダメ〜」って言いつつ、誰よりも早く大手決めてたし。そうやって涼しい顔して、ずっと人生うまく渡っていくんだよ、ああいうタイプは。

真衣　そういえば、そんなこともあったね。でもさ、最近、「あざとい」ってよく聞くけど、どういう人なの？　私あんまりピンとこないんだけど。

カナは御曹司と結婚した女子アナや、有名アスリートと結婚したアイドルの名前を挙げた。

カナ　なんていうか、ぶりっ子？　大げさにかわいく振る舞って、媚《こび》売って。でも、腹の底では自分が得することばかり考えてるって感じ。それでいつの間にかみんなが欲しがるものを手にしてる。それが「あざと女子」！

真衣　言われてみれば、たしかに、優ちゃんって昔から要領よかったかも。恋愛も仕事も。

カナ　でしょ？　でも、ほとんどの人はその狡猾《こうかつ》さに気づいてないってところもまた「あざとい」のよ。

真衣　でも、優ちゃんって愛嬌《あいきょう》あってかわいらしいし、男ウケするのはわかる気がする。

カナ　たしかに、かわいいけど、美女ってほどではないじゃん。でも、自分に自信があるんだろうね。だから「あざとい」振る舞いも堂々とできるんだよ。だって、蓮が現れたときの優ちゃんの豹変《ひょうへん》ぶり、見た？　声も1オクターブ高くなっちゃって、あからさまにボディタッチしてたじゃん。私は無理だなぁ。もう33よ？　恥ずかしくて見てられなかったもん。

真衣　私たちもちょっとは見習ったほうがいいのかもね。

カナ　えー、ダサくない？　ぶりっ子して気を引こうなんて時代遅れすぎ。真衣だって媚売ってまで男に好かれたいとは思わないでしょ？

真衣　そりゃそうだけどね。できることなら、ありのままを好きになってほしいよ。

じつは昨年の同期飲み会のあと、真衣はひそかに蓮に連絡していた。蓮とは大学時代よく話す仲で、ひょっとしたら、という淡い期待があった。しかし、彼の返事は予想以上にあっさりしたもので、真衣はすぐに自分から続けて連絡するのを諦めてしまった。あの冷ややかな態度も、飲み会後に優と深い仲になっていたからだとしたら、納得がいく。もちろん、そんな話はカナにも言っていなかった。

カナ　てかさ、モテるモテない以前に、うちらはシンプルに出会いがなさすぎるんだよ。なのに、実家に帰るたびに親から、「結婚は？」「子どもは？」って毎回聞かれなきゃいけないの、本当にしんどい。

真衣　親って、「そろそろ孫の顔を見せろ」とか時代遅れなことを平気で言うよね。

カナ　昭和の価値観とは違うんだってこと、いい加減、理解してほしいよね。あーあ。いまのままの私を好きになってくれる人、どっかに落ちてないかなー。

真衣とカナは大きくため息をつき、グラスに残っていたワインを一気に飲み干した。

Uekusa's Advice

他人の目を気にしていると、幸せのチャンスを逃します

真衣さんと親友のカナちゃんが女子会をしながら、グチグチ言っているこの場面。大学時代の友人で要領のいい「あざと女子」優ちゃんへの愚痴や嫉妬が止まりません。

後述しますが、そもそも、こういった生産性のない女子会に「あざと女子」はほとんど参加しません。自分の幸せにフォーカスしているからです。そして、他人の目も気にしない。

真衣さんのように、「本当は気になる彼の隣に座りたいし、話して距離を縮めたいけど、周りの目もあるし……」とモジモジ遠慮なんかしていたら、大切なチャンスを逃すことになります。そして、**往々にして、その一度のチャンスを逃したか、つかめたかで、その後の人生は大きく変わってしまうものです。**

仕事にしても、恋愛にしても、結婚にしても、人生の責任はすべて自分にあります。

なかには、あなたの人生に口出ししてくる人もいるかもしれませんが、結局のところ、あなたの人生がどうなろうと、別になんの責任もとってくれないのですから、人の意見や目なんて気にする必要ないのです。

「自分で自分を幸せにする」。この強い思いが大切です。

他人の目や言葉に振り回されず、「自分の責任だから」という気持ちで行動してください。

マリーミーでも幸せをつかむのは自分から行動している人です。

「あの男性会員さん、とても素敵な人だし、私なんて……」と、しおらしい態度で躊躇《ちゅうちょ》していれば、ほかの「あざと女子」に秒速で奪われていくだけ。そういった謙虚さは、日本人的には美徳にも感じますが、はっきり言うと損をします。

真衣さんやカナちゃんのように「ありのままで愛されたい」なんてぼんやり思っているだけで、白馬の王子さまがいきなり目の前に現れてお城まで連れていってくれるなんて虫のいい話はありません（最近はディズニー映画のプリンセスでも自分から行動するたくましい女性が多いですよね）。

人生の大事な局面で他人にどう思われるかにとらわれてしまうと、自分が本当にしたいこと、望んでいるものが手に入りません。

RULE 3

「あざと女子」のルール

他人の目や意見を気にせずに行動する。

Mai's Story 03
「あざと女子」なんて大嫌い！

真衣とカナが愚痴をつまみにワインボトルを空けたとき、レストランの扉が開き、高身長の男性が現れた。
モデルのような細身の体型に端正な顔。そのオーラに思わず真衣とカナは目を合わせた。

真衣　すごいイケメンじゃない？
カナ　ちょっと待って。まだ誰か来るよ。

男の後ろに続いて女性が店内へと入ってくる。真っ白なワンピースにロングヘアがなびく。うやうやしくエスコートされる姿は、まるでお姫さまのようだ。
真衣とカナには、その女性が誰なのか、すぐにわかった。

真衣　ねぇ、あの人もしかして……。

カナ　そうだよ！　本物だよ！

やってきたのは最近、SNSで人気のインフルエンサーだ。「あざと女子」を売りにモテテクニックを伝授するという内容の動画が話題になり、一部の女性のあいだでは神扱いされている。

カナ　私、ファンで、ずっとフォローしてるの。実物めちゃくちゃかわいい！

真衣　……「あざと女子」は時代遅れって言ってなかった？

カナ　見る分には楽しいから、いいの。

店中の客が華やかな2人にくぎづけになっていた。よく見ると、男は女性ものの小さなバッグを持っている。

真衣　私、昔から思ってたんだけどさ。ああやって女性のバッグを男が持つ意味ってあるのかな？　あんな小さいバッグ、自分で持てばいいじゃない。面倒くさい。ていうか、あの小さいバッグに入るものって何!?

カナ　あ！　見て。

真衣たちからよく見えるテーブルについた2人は親しげに話し始める。すると、男性がふいにリボンのついた箱を取り出す。女性が受けとって箱を開ける。どうやらネックレスらしい。

女性はもらったばかりのネックレスを男性にゆっくり手渡した。男性は立ち上がると女の後ろに回り、そのネックレスを女性の首につける。

真衣　ちょっと、あの人、すごくない？　ネックレスなんて自分でつけられるじゃん。それをこんなみんなが見てる前でわざわざつけさせるって。

私なんて人生で一度も男性にアクセサリーをつけてもらったことなんてないのに。

真衣はどこか恨めしい気持ちで美男、美女を無遠慮に眺め続けた。

カナ　自慢だろうね。イケメンからプレゼントされてるんですよーって。

真衣　あれこそ「あざと女子」だね！

思わず大きくなった真衣の声に女性が振り向く。慌てて目をそらす真衣。

カナ　ちょっと、声のボリューム気をつけてよ〜。

真衣　ごめんごめん。でも、いいねぇ。あんな「あざとい」振る舞いが普通にできる人。モテるんだろうなぁ。

カナ　真衣、最後に彼氏いたの、いつだっけ？

真衣　えっと、3……4年くらい前？

実際は5年以上いないが、真衣はとっさにそう答えた。

カナ　そろそろ彼氏欲しいとか思わないの？

真衣　そういう自分こそどうなのよ。

カナ　私？　明日もデートだけど。

真衣　デート⁉　誰と？

カナはスマホの画面を見せる。いま、巷《ちまた》で話題のマッチングアプリだ。

真衣　カナ、マッチングアプリやってるんだ。
カナ　最近始めたの。そうしたら来るわ来るわ！　お誘いのメッセージが。正直、モテすぎて困ってるよ、まさか33歳でモテ期を味わえるなんて思ってなかったよね。真衣もやってみたら？
真衣　ええ〜、でも、危なくない？　どんな人が登録してるかわからないし……。
カナ　もう、いつの時代の話？　いまはマッチングアプリが出会いの主流なんだから！
真衣　マッチングアプリか……。

そうつぶやきながら、真衣はインフルエンサーの女性のキラキラした笑顔を見つめていた。

✦ + ✦ + ✦

カナにマッチングアプリをすすめられてから3か月後。
とあるカフェバーに真衣の姿はあった。
この日は優の結婚祝いをしようということで、学生時代に仲がよかった女性メンバー10人ほどが集まった。最初はみんなと楽しんでいた真衣だったが、幸せそうな優の姿に心がざわつくのを感じた。ひとりカウンターに移動し、苦手な酒を何杯も飲んだ。
30分後、カウンターには泥酔した真衣が突っ伏していた。気づいたカナが揺すり起こす。

カナ　ちょっと飲みすぎだよ。今日は優ちゃんの結婚祝いだってわかってる？
真衣　わかってるって～。大丈夫、大丈夫。優ちゃん、おめでと～！

そう言うと、真衣はテーブルの上にあったグラスを飲み干す。

カナ　もう、やめときなって。

そんな真衣を心配してやってきたのは優だった。

優　真衣ちゃん、大丈夫？
カナ　ごめんね、優ちゃん。こっちは気にしないで、みんなとしゃべってきてよ。
真衣　私は優ちゃんとおしゃべりしたいな～。

真衣が優をカナが座っている隣の席に座るよう促す。

優　あとで戻るから、カナちゃんこそ、みんなのところ行ってきて。ね！

優に言われ、カナはしぶしぶ席を立つ。

優　真衣ちゃん。無理そうならタクシー呼ぼうか？　とりあえず、お酒はそこまでにして、ほら、お水飲んで。

真衣　優ちゃんはやさしいよね〜。だから、みんなから好かれるんだよね〜。

優　どうしたの、急に。

真衣　私、じつは優ちゃんに相談があるんだ〜。

優　何？

真衣　じつはね、私、マッチングアプリを始めまして。いい感じの人と出会ったのよ。でね、先週まですっごいラブラブだったの。一緒に美術館行ったり、公園を散歩したり。「かわいいね」「大好きだよ」って言ってくれてたんだけど。

真衣は自分のスマホの画面を優に見せる。

真衣　ほら、見てこれ。もう3日も未読スルーされてるの。これもう終わりだよね。私、何かしたかな？　紹介したい人がいるって親にも言っちゃったのに。

優　そうだったんだ……それは悲しいね。でも、何か相手にも事情があるのかもしれないし……。

真衣はカウンターにスマホを乱暴に置いた。

真衣　あーあ、私も優ちゃんみたいに、あざとくなれたらなぁ。

優　「あざとい」？　どういうこと？

真衣　世の中、「あざとい」子ばっかり得するようにできててさ、私みたいに地味に生きてる女は男に雑に扱われて、彼氏もできないし、仕事もうまくいかないし。人生なんもいいことなし。それに比べて優ちゃんはサラッといいとこどりできて、うらやましいよ、本当。

優　私、別に、いいとこどりなんて……。

真衣　蓮だってそうだよ。昔は相手にしてなかった男がハイスペになって現れたら、すぐ結婚。

さすが「あざと女子」！

優　……私は別にスペックだけで結婚相手を選んだわけじゃないよ。それに、「あざとい」って言われても、これが私の普通だし。人より得してるなんて思ったこともないよ。

真衣　「あざとい」人は人生うまくいくことが普通だから、空回りしてばかりな人の気持ちはわからないよね。私なんて、蓮がまだダサダサだった時期から、ちょっといいなって思ってたのに。

そこまで話して、真衣は「あっ」と口を押さえる。優は驚いた顔で真衣を見ている。

真衣　大昔の話ね！　別に、いまはどうも思ってないから。

優　真衣ちゃんが蓮をどう思ってたかなんて、私には知りようがないし、いまさらそんなこと言われても困る。

真衣　だから〜、何が言いたいかっていうと、蓮がハイスペになった途端、一本釣りする優ちゃんはすごいなぁ、さすがだなぁってこと。

と言いながら、真衣は心のなかで「まずい」と思った。完全に失言だ。

しかし、酔っ払っているせいか、口が止まらない。

真衣　私も優ちゃんみたいに、あざとかったらなぁ。蓮をゲットできたのかもな〜とか、いまごろハイスペな彼氏ゲットして幸せに結婚できてたのかなぁなんて思っちゃったりして……あ、ほめてるんだよ。本当に。あはは。

優　だったら真衣ちゃんも動けばよかったじゃない。

真衣　えっ？

優　私のこと「あざとい」って言うけど、私は真衣ちゃんと違って幸せになるために努力してきたつもり。

真衣　私が努力してないってこと？

優　そうは思わないけど。でも、少なくとも真衣ちゃんは行動しないで文句言ってるだけだよね。蓮のことだって、私はひさびさに会って、いいなって思ったから、自分から頑張ってアプローチしたの。最初は全然相手にしてもらえなかったんだよ。

真衣　だから蓮のことはただの冗談。「あざとい」って言ったのもほめてるんだって。

優　そうは聞こえなかったけど。

ただならぬ雰囲気を察したカナが戻ってきてあいだに入り、2人の会話はそこで中断した。

真衣が最後に見たのは優の悲しそうな顔だった。

✦ + ✦ + ✦

夜中、酔いが醒《さ》めた真衣は、みずからの失態を思い出して、頭を抱え、部屋のなかを転げ回った。

友だちの結婚祝いの場で主役にケンカを売るなんて、いったい何をしているのか。とにかく早く謝らなければいけない。

そう思って何度もスマホにメッセージを打ち込むが、書いては消してを繰り返した。

真衣　何書けばいいんだろう……。

何を書いても白々しく見えた。

「ごめんね」も「また会おうね」も、いまのままでは優に伝わらない気がした。そもそも向こうにしてみたら、こんな自分のことなんか、もう友だちとすら思っていないだろう。

優　だったら真衣ちゃんも動けばよかったじゃない。

優　行動しないで文句言ってるだけだよね。

優に言われた言葉が頭のなかで響く。そのとおりだった。真衣は何も行動していない。心のなかでは優のことが心底うらやましいくせに、それを認めず、八つ当たりして傷つけた。

真衣　何やってるんだろう。私……。

「行動しよう」と真衣は思った。

そして、すぐさま結婚相談所マリーミーのカウンセリングを予約していた。

Uekusa's Advice

男性を上手に動かすのが、「あざと女子」です

レストランで真衣さんが目撃したインフルエンサーのように、**「あざと女子」は、男性に頼みごとをしたり、自分のために動いてもらうことに、とても長けています。**

荷物を持ってもらう、ドアを開けてもらう、アクセサリーをつけてもらう……そんなちょっとしたことを意識的に男性にお願いできるようになると、「あざと女子」に一歩、近づけるでしょう。

「そんなこと、自分でやるわ」「男女平等の時代にダサい」と感じてしまう人は無理しなくてもOK。

ただ、男性は「女性のために動いている自分」というのが大好きなので、男性に動いてもらえばもらうほど愛情が深まるという効果もあります。

これは心理学でも証明されています。

認知的不協和理論という有名な説なのですが、ご存じでしょうか?

人が自身の認知とは別の矛盾する認知を抱えた状態のときに、その矛盾を解消するために、

認知の定義を変更したり、自身の態度や行動を変更したりしていく、というものです。

平たくいえば、「女性のために自分がわざわざ行動するという不快感や自己矛盾」→「つまり、それだけこの女性のことが好きで大切ということか！」と自分のなかで不協和を解決して行動を納得させようとする心理が働くのです。

「あざと女子」が男性をうまく動かしているのは、はたから見ると「ワガママな女性だなぁ」「男性は尻に敷かれていて情けない」と見えるかもしれません。しかし、実際のところ、**男性はそんな女性のかわいいワガママや望みをかなえてあげればあげるほど相手のことが好きになってしまっているのです。**

ここでポイントなのが、お願いごとをするにあたって、「かわいいワガママ」にするということ。

男性だってバカではありませんから、ふんぞり返ってキツイ顔で「あれしろ、これしろ」と命令してくる女性に対しては嫌悪感しか湧かないでしょう。

私が見てきた「あざと女子」で、うまく男性を掌《てのひら》で転がしているなと感じる女性は、みんな相手への伝え方がかわいらしい人です。

極端ですが、つねに語尾にハートをつけるぐらいの気持ちでお願いしてみると、男性もいやな気持ちはしないでしょうし、むしろ頼られている気がして喜ぶはず。

そして、ちょっとしたお願いでもかなえてもらえたら、とにかく笑顔で喜ぶというのが大切です。

「こんな笑顔を見せてもらえるなら、もっともっと、この子のために頑張りたい」と男性に思わせられたら、それはもう立派な「あざと女子」でしょう。

RULE 4

「あざと女子」のルール

バッグを持ってもらう、アクセサリーをつけてもらうなど、小さなお願いをかわいくできる女性になる。

Mai's Story 04 「あざと女子」って、ずるくないですか？

「行動しよう」
そう決心した真衣は結婚相談所マリーミーに入会。さっそくカウンセリングを受けることになった。
「そんな自分を変えたいから、今日は私のところに来てくれたんでしょう？」という植草の言葉に、真衣は力強くうなずいた。

真衣　私、変わりたいんです！　友だちに言われたんです。私は行動しないのに文句ばかり言うって……。本当にそのとおりだなって。このまま何もしないでいたら、私の人生、いいことなしで終わっちゃいます。私もできることなら、「あざと女子」になって、自分が欲しいものを手に入れたいんです。

植草　とっても素敵な心がけだと思う。その気持ちがあれば、きっと大丈夫。「行動しないのに文句ばかり言う」って言っていたけど、そういう女性は多いの。いつも後出しで文句ばっかり。そのくせ自分からはいっさい動こうとしないし、何かを変えようともしない。幸せが自分のもとに舞い込むのをただボーッとして待って、行動できる人をうらやんでいるだけ。

真衣　うう……はい。私のことです。

植草　**私はそういう女性のことを「電柱」と呼んでいます。**

真衣　で、「電柱」ですか？

植草　ボーッと待っているだけの「電柱」が幸せになれると思いますか？

真衣　なれません……でも、そうは言っても、私も少しは行動する努力をしたんですよ。マッチングアプリを始めたのもそうです。頑張って出会いを探そうとして、その結果、失敗しちゃいましたけど……。

植草　行動するといっても闇雲に動けばいいというわけじゃありません。そもそも真衣さんは恋愛して、結婚するのが目的なのでしょう？

真衣　好きな人と結婚して家族になれれば、いちばん幸せかなって思いますけど……。

植草　最近は婚活のためにマッチングアプリを始める人も多いけど、真衣さんのように焦って婚活して、空回りして、合わない男ばかりつかまえてしまう。私はそれを、**「走り出しマグロ状態」と呼んでいます。**

真衣　走り出し……？

植草　「走り出しマグロ状態」。本人は勢いよくスタートダッシュを切っていると思い込んでるけど、実際はぐるぐる回っているってこと。結婚したくてマッチングアプリを始めたのに、実際は結婚というゴールからどんどん遠ざかっているケースね。

真衣　……。

痛いところを突かれて、真衣は黙り込むしかなかった。

植草　とはいえ、たとえ**マッチングアプリでも、「あざと女子」なら、すぐに好条件の男性を見つけて結婚しますよ。**

真衣　先生、私それを知りたいんです。私と優ちゃん……「あざと女子」は、いったい何が違うんですか？　顔ですか？　愛嬌ですか？　たしかに、私は愛想《あいそ》もよくないし、地味顔だし、ぶりっ子もできないし。「あざとい」とかけ離れてるというのは、自分でもわかってるんですけど。

植草　真衣さんの話を聞いていると、「あざと女子」になりたいというわりに、「あざとい」に対して嫌悪感を感じているように思えますが。

真衣　憧れはあるんですけど、まだ心のどこかで引っかかる部分もあるんです。最近は「あざとい」ってフレーズを見るだけでも心がざわざわするようになってしまって。「あざとい」を売りにする芸能人や、「あざとい」をテーマにしたファッション誌の特集、見てると全部イライラして、そういう自分にも落ち込むんです……。

植草　そもそも真衣さんは「あざとい」の何がそんなに気に入らないのですか？

真衣　かわいいそぶりをするだけで、いいとこどりしていく感じ……ですかね。みんなが必死に努力してる横で涼しい顔してゴールしていくっていうか。女の武器を利用しているところも計算高くて、なんかいやです。ぶりっ子したり、泣いたり。ずるいと思ってしまうんです。

植草　つまり、「あざと女子」は、たいした努力もしていないのに、世の女性が欲しいものを簡単につかみとっているから、ずるくて腹が立つ……ということですね？

真衣　はい。そんな感じです。

植草　それは真衣さん、少し勘違いされていますね。

真衣　勘違い？

植草　たしかに、「あざとい」って、計算高くて、ずる賢いという意味で使われがちよね。ねえ、「あざとい」って漢字でどう書くかご存じ？

真衣　漢字……ひらがなのイメージしかなかったです。

植草　こう書くんです。

植草は目の前のメモ用紙にスラスラッと「小聡明い」と書いてみせた。

真衣　へー、これで「あざとい」って読むんですか。

植草　聡明《そうめい》っていうのは頭がいいってこと。そこに小をつけて、いくらか小バカにしたニュアンスで頭がいい、と言っているわけ。**私はこの漢字の聡明っていう部分が「あざとい」のポイントだと思うんです。**

真衣　たしかに、「あざと女子」って小利口で、自分の得になることに関しては抜け目ないっていうか、貪欲っていうか……。

植草　真衣さんは欲しいものを手に入れたり、人生で得したり、したくないんですか？　欲しいものをつかみとることって、そんなに人からとやかく言われるような悪いことかしら？

真衣　それは……別に悪いことではないですけど。

植草　そうですよね。自分の人生で欲しいものが定まっていて、それを最短かつ最小の労力で手に入れようとする。それって決して簡単なことじゃないし、文字どおり聡明じゃないと、できないことだと思いませんか？

真衣　たしかに、賢いなって思いますよ。私みたいな不器用で損ばっかりしてる人間と違って、要領よくて、頭もいいと思います。でも、自分さえよければいいって感じもして……男性にニコニコ、ヘラヘラしてるのだって、なんか痛々しいし……。

植草　そういう、「あざと女子」が結局、自分が欲しいものをすべて手に入れてるからムカつくと。要するに真衣さんは**嫉妬しているんですね、「あざと女子」に。**

真衣　嫉妬？　たしかに、嫉妬かもしれません。でも、それだけじゃないですよ。なんというか、やり方がイヤラシイと思って。

植草　やり方ね。じゃあ真衣さんは、「あざと女子」が欲しいものを手に入れるための「やり方」をすべて知っていますか？

真衣　それはわかりませんけど……でも、私の友だちで、すごい「あざと女子」がいるんですけど、その子を見てると、なんとなくわかります。必要以上に男性を喜ばせることを言うんです。「かっこいい！」とか、「その服、似合うね！」とか。そんなほめる必要ある？　って、いつも思って見てます。

植草　それも立派な努力、と言えないかしら？　だって、同じことがあなたにできる？

真衣　うっ……それはできないかもしれない、ですけど……。

植草　真衣さんは漢字の「小聡明い」のように、どこかで、「あざと女子」を小バカにしているようだけど、**「あざと女子」っていうのはね、相手の気持ちを考えて行動できる人のことを言うの。**相手が喜ぶこと、相手が欲しい言葉、相手の求める行動……その結果として、自分が欲しいものは手に入るし、人生が楽になる。いいとこどりをしているように見えるけれど、本当はその手前でたくさんのものを相手にGIVEしているのです。

真衣　そうでしょうか？　そんなふうに思ったことないですけど。

真衣は優のことを思い出す。優に何かしてもらったことなんてあっただろうか。何より、「あざと女子」が自分より努力したり、気を使ったりして生きているなんて認めたくなかった。

植草　**「あざと女子」は損得にも敏感だから。**自分にとって得になると思ったときこそ、その聡明さを発揮するのよ。でも、それって当然のことじゃないでしょうか？　能ある鷹《たか》は爪を隠すっていいますよね。

真衣　なるほど……。「あざと女子」が聡明で、じつは努力もしているってことは理解しました。でも、まだ腑《ふ》に落ちない点もあります。

植草　どんなところ？

真衣　「あざと女子」が仮に相手の気持ちを考えて行動できているから欲しいものも手に入るんだとしたら、私が男性から選ばれないのは相手の気持ちを考えて行動できていないからってことですか？　自分で言うのもアレですけど、私、基本的に男性とつきあったら相手の意見や好みに合わせるタイプですし、みんなに「やさしい」って言われます。いつも自分より相手のことを思って行動してきたつもりなんですけど……。

植草　それこそ大きな勘違いです。それはこれから真衣さんにゆっくりアドバイスしていきます。ねぇ、真衣さん。**もし本気で変わりたいと思っているのなら、まずは自分が、「あざと女子」に憧れていることを認めてみてはいかがでしょうか。**

真衣は黙って考えてみる。これまでの人生のあれこれが頭を駆け巡る。

大学時代、誰よりも先に内定をゲットして残りの学生生活を謳歌《おうか》していた優を恨めしく思ったこと、自分より大手の会社でキラキラと働く姿にモヤモヤしたこと、久しぶりの同期飲み会で蓮の隣をキープして楽しそうに話す2人の姿、そして届いたＬＩＮＥの結婚報告の笑み……。

真衣　……認めます。私、「あざと女子」に憧れてます。

植草　では、イメージしてみてください。「あざと女子」になって欲しいものがすべて手に入る人生を。真衣さんもそうなりたいと思いませんか？

真衣　なりたいです。いまからでもなれるなら、私だって「あざと女子」になりたい！

植草　そう。じゃあ、さっそく始めましょう。

植草はその言葉を待っていたとばかりに立ち上がると、手を差し出して微笑《ほほえ》んだ。熱い握手が交わされた。

植草　こうやって知り合えたのも何かのご縁。真衣さんの人生を取り戻すために、「あざとい」のすべてを教えます。**「あざとい」は別にモテるためだけの道具じゃないのよ。異性だけじゃなく同性にも、職場の人間関係にも、人生すべてで役に立つの。**

真衣　私なんかが本当に、「あざとい」を身につけられますか？

植草　特訓していけばわかりますよ。「あざと女子」になる覚悟はできていますか？

真衣　はい……できてます。先生、お願いします！

こうして真衣の「あざと女子」になるためのレッスンが始まったのだ。

Uekusa's Advice

「敵を知るには、まず己から」です

「悪い人ではないんだけど、なんとなく苦手」

「なんだか見ているとイライラする」

真衣さんが優ちゃんに抱いたような、嫌悪とも嫉妬ともはっきり呼べないモヤモヤした負の感情。

あなたもそんな複雑なモヤモヤをつい感じてしまう相手はいませんか？

もし友人や職場、芸能人でも、はっきりした理由はないのに、なんとなく苦手だなと感じる人がいるのだとしたら、その人をただ「嫌い」と一蹴するのではなく、彼女のいったいどんなところが自分の胸をざわつかせるのか、一歩離れて考えてみましょう。

もしかしたら、**そのモヤモヤ、イライラの正体は相手への羨望の裏返しの場合もあるかもしれません。**

シンプルに嫌いなだけなのか、それとも自分には「ないもの」を持っていて、心のどこかで妬ましいと感じているのか。嫉妬の感情を認めるのは簡単なことではありません。ましてや、好きではない相手に嫉妬しているなんて、なかなか受け入れられないでしょう。でも、嫉妬は人間誰しもが抱く一般的な気持ちであり、別に恥ずかしいことではありません。

そして、**あなたがモヤモヤを感じる相手が、もし「あざとい」と呼ばれるような女性なら、それは「あざとい」を学ぶ絶好のチャンスです。**

あなたの気持ちをざわつかせる、「あざと女子」の行動、発言。それらを参考にして、こっそり真似《まね》してみるのです。

最近は「あざとい」を売りにする芸能人が女性に支持され、「あざとい」が市民権を得てきましたが、それでもまだまだ、「あざと女子」を小バカにしたり悪く言ったりする人は少なくありません。

「あざとい」という言葉が普及する以前は、「あざと女子」は「ぶりっ子」などと言われて女性から嫌われる代表のような存在でした。

でも、私は「あざと女子」にも「ぶりっ子」な女性にも、たくさん学ぶべきところがあるように感じています。

良くも悪くも誰かの心に強烈なインパクトを与えられる女性になることは恋愛や結婚においても非常に大切なことです。現代の苛烈な恋愛市場では真衣さんのように「やさしい」だけでは人を魅了できません。

恋愛、結婚市場で勝利をつかむためには、プラスアルファの魅力が必要です。

そこで大きな加点が期待できるのが「あざとい」テクニックなのです。

苦手意識を持っている人を無理に「好きになれ」とは言いません。

でも、そんな相手からも学べることがないか、冷静に観察して分析してみることは、あなたを魅力的に見せるための大きな一歩だと思います。

孫子《そんし》の兵法に「敵を知り己を知れば百戦殆《あや》うからず」という有名な一節があります。

「戦いに勝とうと思うのなら、まず相手を知ること。相手を研究し、自分の得意、不得意についてよく理解すれば、どんな戦いでも勝つことができる」という意味です。

戦いに勝つために、まずは「あざと女子」のことを知ることから始めましょう。

「あざと女子」のルール

RULE 5
「あざと女子」を苦手と遠ざけるのではなく、観察して分析してみる。

RULE 6
「やさしい」だけで愛されるというほど恋愛も婚活も甘くない。

Mai's Story 05
「私、キャラじゃないんで」は絶対禁止

真衣　すみません。ちょっと気になることがあって……質問してもいいですか？

植草　どうぞ。

真衣は今日、この部屋に入るとき、廊下で男性とすれ違った。
一瞬しか見られなかったが、整った顔のイケメンだった。

真衣　もしかして、あの方も会員さんですか？

植草　もちろん。真衣さんの前にカウンセリングを受けていた会員さんです。

真衣　えっ！　あんなイケメンが。

植草　いろいろな条件的にも素晴らしい男性です。

真衣　そんな人が結婚相談所に来る必要ってありますか？　普通に生活していても出会いがたくさんありそうですけど。

植草　意外かもしれないけど、**ハイスペック男性ほどたくさんの女性が寄ってきますので、お相手選びに苦労します。**身元のしっかりした人と出会うために結婚相談所を使うエリートって、じつは多いの。私の担当している男性会員さんはハイレベルな方ばかりだし、結婚相談所＝モテない、は世間がつくりだした偏見です。

真衣　そうなんですね。

植草　結婚相談所に来る女性も昔より年齢の幅が広がっています。このあいだ入会された女性は、21歳。

真衣　そんな若い女の子が結婚相談所に⁉　私なんて20歳やそこらのとき、何も考えてなかったですよ。

植草　最近の若い方は早いうちに婚活したほうが成功率が高いって、きちんとわかっていらっしゃる。

自分よりずっと年下の女性たちが、すでに本気で婚活をしている事実に真衣は驚愕《きょうがく》し、焦りを覚えた。

真衣　ということは私、かなり出遅れてますね……。

植草　出遅れているってことはありません。どのタイミングで婚活するかは、その人の生き方によりますから。

真衣　やっぱり33歳って厳しいですか？　ネットでもよく見かけるんです。30歳を過ぎたら結婚相談所に行っても難しいって。

植草　ネットに出ている婚活現場の噂《うわさ》を真に受けないこと。たしかに、いろんな統計は出ているけれど、それはあくまで数字上の話。実際には、やってみないとわからないし、その人のやる気も大きく左右します。**30代、40代でも、初婚でも、バツイチでも、理想の結婚をする人はたくさんいるし、20代でもうまくいかず、長引く方もいますよ。**

真衣　本当ですか？

植草　苦労して成婚した人は退会するときに必ず言うの。「先生、奇跡が起きました！」って。私に言わせると奇跡でもなんでもない。本人が努力した結果よ。

真衣　ちょっと勇気が出てきました。

植草　真衣さんも、「あざと女子」になって奇跡を起こしましょうね。

真衣　はい。……あ！　そういえば、このあいだ友だちとレストランに行ったとき、すごいものを見たんです。

真衣はレストランで見た「あざとい」インフルエンサーのことを話した。

真衣　バッグを持ってもらったり、ネックレスをつけてもらったり、とにかくすごくエスコートされてたんです。

植草　なるほどね。それこそが、「あざとテクニック」よ。いきなりだけど、真衣さん、今日持ってきたバッグを見せていただける？

真衣はトートバッグを差し出す。

いつかのセールで買った、どこにでもあるような普通の革のバッグだ。パソコンも入る大きめサイズで、仕事でもプライベートでも重宝している。

植草　残念だけど、これじゃ、男性は誰も持ってくれないわね。

真衣　自分の荷物ぐらい自分で持ちます！

植草　そうじゃないの。これを持ってみてください。

そう言うと植草は傍らに置いてあったハイブランドのミニバッグを真衣に手渡す。

植草　自分のバッグと比べてみて、どう感じますか？

真衣　そりゃ先生のバッグのほうがかわいいですよ。ピンクだし、なんかいい匂いするし。

植草　真衣さんのバッグはユニセックスなデザインで、男性が持っていても違和感がないでしょう？　でも、私のバッグは男性が持つものじゃないですよね？

真衣　そうですね。どう見てもレディースのバッグです。

植草　ポイントはそこ。**あえて男性に女性らしいバッグや荷物を持ってもらう。これが「あざとテクニック」です。**

真衣　バッグを持たせたからって、それがなんなんです？

植草　普段持ったことのないようなものを「彼女のために」持つ。これで相手に異性だということを印象づけることができるの。「これ持って♡」と言って渡されたバッグがかわいいものであればあるほど、男性は自分の持ちものとのギャップを感じて、エスコートしたいと思うんです。

真衣　私、彼女の荷物を持ってる男性を見るたびに情けないって思ってました。

植草　もちろん、男性もプライドがあるから、いやがる人もいるでしょうね。でも、周囲からの視線なんて関係ない。**男性は「彼女のために」やってあげることで優越感や喜びを感じるものなんです。**

真衣　もしかして、ネックレスをつけてもらったのも……。

植草　感謝の機会を演出しているんでしょうね。ネックレスをプレゼントしてもらって、ただ「ありがとう」のひと言で終わっちゃうと、もらったほうも、あげたほうも、インパクトが薄いでしょ。「つけてもらえる？」とお願いをされるなんて普段めったにないですよね？　女性のセクシーな首筋にネックレスの留め金を絡めるなんて。「自分がプレゼントした」という実感がさらに湧いて記憶に残る。そうすると、またこの女性を喜ばせたいという気持ちになるわけです。

真衣　あの行動、そこまで計算されてたんですね。

植草　「あざと女子」は、これくらい息を吐くようにやりますよ。

真衣　あ、ちょっと待ってください。いまのメモします。

真衣が自分のバッグのなかをゴソゴソとあさり、メモ帳とペンを取り出す。

植草　ストップ。ちょっとバッグのなかを見せて。

真衣のバッグのなかは財布やペットボトル、タオルにメイクポーチなど荷物であふれ返っている。おまけに底のほうにはレシートなどのゴミも散乱していた。

植草 こんなに散らかってるバッグを持っている女性は、あざとくなれません。

真衣 うっ、すみません……。

植草 実際にあった話なんだけど、お見合いで意気投合して仮交際に進んだカップルがいたの。でも、あるとき彼が彼女のバッグの中身を見たら、真衣さんのバッグのようになかがぐっちゃぐちゃ。それで交際終了になってしまいました。

真衣 バッグのなかが汚いってだけで、お別れに？

植草 バッグの中身が汚いということは身の回りも雑なんだろう、私生活もだらしないんだろうと連想されちゃったんですね。似たようなケースはよくあるの。**意外と男性のほうが細かい部分を見ているんです。**婚活での衛生観念の相性はかなり重要なキーワードです。

真衣はメモ帳に「衛生観念」と書き込む。

植草 とあるカップルは成婚目前で、男性側のご両親に会いにいくところまできていました。でも、いざご両親のお家に行ったら、そこはゴミ屋敷。マグカップにはティーバッグが入れっぱなし。さらにはご両親がケーキを手づかみで食べているのを見て、その女性は結婚をとりやめました。

真衣　それは衝撃的なエピソードですね。私も引いちゃうかも……。

植草　衛生観念って育った家庭環境にもよるし、不快に思うレベルも人それぞれだから指摘しにくい。だからこそ、つねに気を張っていないといけないポイントなんです。

真衣　なるほど。

植草　**「あざと女子」を目指すなら、バッグのなかには、つねにお化粧道具、綿棒、手鏡、絆《ばん》創膏《そうこう》、マウスウォッシュ、ポケットティッシュ、そしてレースのハンカチ、この7つ道具を用意しておくことが大切です。**

真衣　綿棒は何用ですか？

植草　綿棒はアイメイクが崩れたときのメイク直し用。食事のあとは必ずマウスウォッシュでケアすること。そして、大事なのはレースのハンカチ。

真衣　タオルハンカチなら持ち歩いているんですけど……。

植草　婚活向きではないですね。さっきのミニバッグと同じで、レースのハンカチも男性は持たないですよね？　印象に残るアイテムとして使えるし、外でお茶するときなんかにサッと膝の上に敷くと、それだけで上品に見えるでしょう。

真衣　たしかに……。

突如、真衣の顔が暗くなる。

真衣　私、無理な気がしてきました。とても「あざと女子」にはなれる気がしません。

植草　えっ？

真衣　私って普段は、どちらかというとサバサバ系なんです。かわいいバッグやレースのハンカチを持ち歩いたり、「これ持って♡」って男性に頼んだりするのは私のキャラじゃないというか。

植草　真衣さん。**「あざとい」は手段です。**自分はサバサバキャラだからできないって言うのなら、一生「あざと女子」にはなれません。「あざとい」はつくるもの。演出するんです。

植草の言葉に、真衣はハッとする。

植草　レストランで見た女性が男性にネックレスをつけられていたときのことを思い出してみてください。男性の表情はどうでした？

真衣　照れてたけど、なんだかうれしそうにも見えました。

植草　そうでしょ。**「あざとい」っていうのは場を盛り上げる演出。**夢の国だって、なんの演出もなかったら感動も何もないですよね？　周りの人を喜ばせるために普段の自分とは少し違う自分を演出してみる。やってみたら意外と楽しくなってきますよ。

真衣　でも、「あざとい」振る舞いって結局、自分に自信のある子だからできるんじゃないですか。私みたいに自信がない女がやったところで痛いだけな気がして……。

植草　**自信なんて、なくて大丈夫。あとから勝手に自信はついてきますから。**

真衣　勝手に？

植草　そう、しっかり見た目をつくればね。

真衣　見た目をつくる……？

植草　メイクもそうだし、ファッションも、髪型も。マリーミーにいらっしゃる方々のなかには正直、最初はまったく身なりに気を使っていない人もいるの。でも、そんな人でも、**おしゃれなスーツやワンピースを着て、プロのヘアメイクが入るだけで驚くほど堂々とするんです。**背筋が伸びて、笑顔も増えて、パッと明るいオーラになる。ファッションの力は侮れないわよ。ＹｏｕＴｕｂｅでも雑誌でも、なんでもいいから、メイクとセンスの勉強をするの。真衣さんは今日の服もデニムにトレーナーとすごくシンプルだし、化粧もすっぴんかと思うほど薄いですね。

真衣　服はカジュアル、メイクはナチュラルなほうが私っぽいかなって。

植草　**まずはナチュラルメイクという名の手抜きメイクをやめること。**見た目磨きに手を抜いてデートするなんて相手を軽んじているのも同然。自分でできる最善のコンディションで挑みましょう。

真衣　は、はい！

植草　いま、70点だったら、150点を目指してみましょうね。今日はこれぐらいにしておきましょうか。次のカウンセリングまでにファッションやメイクについて少し勉強してきてください。それから、私が紹介する男性会員さんとデートをしたときに、その方に荷物を持ってもらうように、真衣さんからかわいく頼んでみましょう。それが今回の宿題です。

真衣　わかりました！　精進します！

Uekusa's Advice

「自信がない」女性は見た目磨きにトライしましょう

マリーミーに来てくださる方のなかには「自信がなくて……」と語る人が男女ともに少なくありません。

過去の恋愛での苦い経験がトラウマになって、なかなか自信を持って踏み出すことができない人や、異性を前にすると自然に振る舞えないと悩みを抱える人もいます。

そんな人に、まず私がアドバイスするのは、**「見た目を変えてみましょう」**ということ。ファッションやメイク、スタイルや姿勢、歩き方など外見的な情報は、その人の印象を左右する大事な要素です。

人は見た目より中身、というのは、お見合い後のこと。異性に中身を知りたい、と思ってもらうためには、まずルックスで相手に興味を持ってもらわなくてはいけません。

そして、相手に興味を持ってもらう以上に、**見た目が変わると自分自身も自分を見る目が変わり、堂々とした振る舞いができるようになっていきます。**内面を変えるというのはなかなか難しいことですが、外見はやる気さえあればすぐに変えることができますよね。

とはいえ、見た目に気を使う、といっても、別人のようになる必要はありません。

太っているなら健康的な体型になるようにやせる、体臭や口臭ケアをする、ヒゲや体毛の処理を怠らずに清潔感を保つ、そしてファッションセンスを磨き、自分をより魅力的に見せてくれるアイテムを身につけましょう。

姿勢や歩き方も相手に与える印象を大きく変える大事な要素です。背中を丸めて猫背で歩いている人は自信がなさそうに見えますし、ガニ股で歩いている人は女性らしさが感じられません。美しく見える所作についてはエレガントな女優さんを参考にしてみてもいいかもしれませんね。

メイクの勉強も忘れてはいけません。真衣さんのようにナチュラルメイクという名の手抜きメイクで済ませている人は、ぜひ最新のメイクを研究してみましょう。

化粧に疎い男性でも、目の前の女性がナチュラルメイクか、ただの手抜きメイクか、ぐらいはわかるもの。とくに男性は最初に感じた印象でその後の交際について判断する人が多いので、最初のデートは気合いを入れて準備してください。

自信がないなら、自信を持てる自分になれるよう外見から変えていく。

堂々と相手に接することが、さらにあなたを魅力的に見せてくれるのです。

「あざと女子」のルール

RULE 7
「あざと女子」は演出家。何気ない日常をドラマのワンシーンにする。

RULE 8
バッグのなかは、つねに整理整頓。
女性らしいファッションやメイクで上品さを演出する。

RULE 9
「キャラじゃないから」を言い訳にしない。

Mai's Story 06
「あざと女子」は、とにかく動く。何がなんでも止まらない

1か月後、真衣は意気揚々とマリーミーを再び訪れた。

真衣　先生！
植草　あら、真衣さん。髪も服も、すっごくきれい！　お化粧もしっかりして素敵。

植草は目を大きくして称賛の拍手をした。
真衣の表情は先日とは別人のように明るかった。

真衣　先生に言われて思い切って表参道の美容院に行ったんです。カットとカラーをして、あと、人生で初めてネイルサロンにも行きました！　頑張ったところで特別きれいになるわけでもないし、と思って、いままで美容に興味がなかったんですけど、やってみると意外と楽しい

もんですね。

植草　そうでしょう？　**きれいになるって楽しいのよ。**鏡に映った自分を見てウキウキするのが大事なの。だから、別に男性のためじゃない、美容もおしゃれも結局、自分のためなんです。

真衣　33年間生きてきて、やっと美容の楽しさが少しわかりました。いまさら遅いかもですけど……。

植草　そんなことないですよ、いまからたくさん楽しめばいいの。まだまだやることは山ほどありますよ。

真衣　化粧も、あらためてYouTubeで勉強したんです。いまってプチプラでいいコスメがたくさんあって、そこまでお金をかけなくても変われるんだなって、びっくりしました。

植草　なんだか先日グジグジ言っていたのが信じられない。

真衣　私もです。見た目を変えたら気持ちまでスッキリしちゃいました。

植草　**見た目を変えると自然と自信もついてくるんです。**

真衣　でも、先生、いい人って本当にいないですね。

植草　いい人がいない？

真衣　はい。自分がいいなって思える男性とは本当に出会えないんだなって。マリーミーの男性会員さんとも数人お見合いして、みんな別に悪い人ではなかったんですけど、そこまで盛り上がらなかったし。こんなことを言うのは申し訳ないんですけど、正直いいと思えない人に、「あざとテクニック」を披露して頑張ってもなぁ……って。

植草　真衣さんの言う「いい人」って具体的にどういう男性？

真衣　普通でいいんです、普通で。この年になって、いまさら高望みなんてしません。普通に大学を出て普通の会社で働いてて、年収500万円以上、身長175センチ以上で、酒癖も女癖も悪くなくて、借金はなくてギャンブルをしない。見た目は清潔感があって、普通にコミュニケーションができる人。でも、そういう普通の人にかぎって、もう結婚してるんですよね。

真衣はため息をつきながら饒舌《じょうぜつ》に話し続けた。

真衣　それに、「いい人」に出会ったとしても、その人のことを好きになるのも、好きになってもらうのも、また別問題なんですよね〜。

植草　恋愛に消極的な真衣さんがいろいろな男性とお見合いしたことは素晴らしいわ。でもね、「いい人がいない」と言えるほど真衣さんはまだ男性を知らないんじゃないかしら。いままでの人生でいったい何人の男性とデートなさいましたか？

真衣　うーん、学生時代やアプリで出会った人も含めたら10人以上は……。

植草　たった10人ちょっとじゃない。それだけで素敵な男性に出会おうなんて宝くじに当たるのと同じくらい難しいわよ。これが**「あざと女子」だったら、自分の理想の男性に出会うまで20人でも30人でも100人でも文句も言わずに淡々とデートし続けるはずです。**

真衣　でも、「あざと女子」であればあるほど理想が高くてハイスペ狙いで文句ばっかり言ってそうな気がするんですけど……。

植草　たしかに、「あざと女子」の理想は真衣さんより高いでしょうね。間違っても「普通でいい」なんて、ぼんやりしたことは言わないはず。

真衣　「あざと女子」はイケメンで職業も年収も家柄も周りの女子にマウントとれるような相手しか選ばないんですよ、絶対！

植草　それより「あざと女子」と真衣さんの大きな違いがひとつあります。それは「具体的」ということです。

真衣　具体的？

植草　会員さんの話に理想のお相手像を聞いたときに「普通でいい」とか、「やさしければ」とか、ぼんやりしたことを言う人ほど、なかなか結婚できないの。

真衣　ど、どうしてですか？　だって、理想を高くすればするほど結婚しにくくなるものじゃないんですか？

植草　闇雲に理想が高いのと目標が具体的なのはまったく違います。**「あざと女子」は目的意識がはっきりしているの。ここにいらした時点で、何歳までにどんな相手と結婚して、どんな家庭を築くか、明確なビジョンを持っていらっしゃいます。**仕事と同じで、具体的な目標設定もなく、なんとなく「成功したい」ではうまくいきませんよね？

真衣　たしかに……絶対、うまくいかなそうです。

植草　「あざと女子」は人生の目標達成のために緻密な戦略を立てているから、願望も具体的。婚活は人と人とのご縁だから、タイミングを逃したらそれで終わりです。普通でいい、なんてアバウトなこと言っていたら、まぁ別にこの人じゃなくてもいいか、の連続でご縁を逃します。ちょっとでも自分の条件にかなう人がいたら即アプローチ。それが「あざと女子」の恋愛テクニックです。真衣さんがやっていたのは、ただの婚活ごっこ。

真衣はがっくり肩を落とす。

植草　あらためて確認させてほしいんだけど、真衣さんは本気で結婚したいと思っていますか？　それとも、ただ、あざとくなりたいだけ？

真衣　「あざと女子」になって、素敵な人とつきあって、結婚も、したい……です。

植草　じゃあ、**まず1か月に10名の男性とお見合いするつもりでいきましょう！**

真衣　それは、さすがに無理ですよ……平日は仕事だし、土日だって予定があります。

植草　どんな予定？

真衣　友だちとアウトレットに行くし、英会話やフラダンスも習っていて。

植草　習いごとは、できるだけ平日の夜に変更できるように調整して、**土日は婚活デーにしましょう！**　土日どちらかはオフにしていいのよ。たとえば土曜日をオフにするなら、日曜日は朝の部、昼の部、夜の部で一日に3人の方とお見合いできるでしょう？

真衣　そこまでハードにしないとダメですか。

植草　決めるのはあなたよ。さっき真衣さんは結婚したい、とおっしゃったけど、具体的に何歳までに結婚したいと考えていますか？

真衣　えっと、できれば子どもも欲しいので、そう考えると35まで……とか？

植草　35までに結婚ってことは、1年交際としても34歳までには出会っていないと。

真衣　まぁ、そういう計算になりますね……。

植草　真衣さんは、いま、33歳でしょ、誕生日は12月だから……。

真衣　あと8か月くらいで34になっちゃいます。

植草　たった8か月。それなのに、のんびり婚活していて「素敵な人」と出会えると思いますか？　最初に「電柱」と言ったのはそういうところ。幸せは向こうから歩いてきませんよ。

真衣　私、そこまで真剣にライフプランについて考えてなかったかも。

植草　こうして真衣さんがボーッとしているあいだに、「あざと女子」はどんどん理想の男性探しを進めて、いい男性を婚活市場から奪っていくのよ。**「あざと女子」って、みんなとにかくフットワークが軽いのですから。**マリーミーにもこれまで「超あざと女子」が何人もいたけれど、みんなうまくいかなくてもそこで諦めず、止まらないで進み続けていましたよ。動き続けるから打席に立つ回数も自然と多くなる。それでいていろんな人に好かれるテクニックを持っている。成婚が近いのも当然ですよね。

真衣　フットワーク軽く進み続ける……私にもできますかね？

植草　**できるかどうかじゃなくて、やるんです。**それから成婚に近づくためにはダメ男に時間を割かないことも大事。理想の男性を具体的にすることと同時に、絶対につきあわない男性の条件も明確にしておいたほうが、時間のムダを省けます。

真衣　絶対につきあわないほうがいい男性って、どんな人ですか？

植草　主要な特徴は3つ。嘘をつく男性、女遊びが激しい男性、お金や時間にルーズな男性。

真衣　いわゆるダメ男ですね。

植草　最近はスマホゲームとか見えないものに何万円も課金してる人もいるから、そのあたりもチェックしたほうがいいですね。時間とお金にルーズな男性はどんなに言い聞かせても変わらないから、最初から除外したほうが身のためです。不思議なことに、**「あざと女子」はそういう悪い男性を引き寄せないのよね。**自分から近づくこともないんです。

真衣は優を思い出す。たしかに、優が変な男性とつきあったり遊んだりするところは見たことがないし、想像もできない。

植草　「あざと女子」は自分の幸せを第一に考えて相手を選んでいるからダメ男は寄りつかない。ほかに質問は？

真衣　ひとつ心配ごとがあったのを思い出しました。あの、あざとく振る舞ったら、いろんな男性を勘違いさせちゃいませんか？　そもそもそんなに好きでもない人から好意を持たれても困るな～って考えちゃって。

植草　それなら大丈夫。真衣さんが仮に、あざとく振る舞ったところで、効果はそんなにないと思います。

真衣　そ、そんな……。

植草　真衣さんに魅力がないとか、そういう意味ではなくて。「あざと女子」になろうって意識したところで、そう簡単にはできないものです。それにね、モテちゃったらどうしよう、なんて実際にモテてから考えればいいじゃない。モテる前から余計な心配しなくて大丈夫。

真衣　うっ……それも、そうですね。

植草　いまはとりあえず八方美人でいいから大きな網を張って、来てくれるのを待つことから始めましょう。**まずは会う人全員からモテるくらいの気持ちで挑むこと。**愛想なんて別にどれだけ振りまいてもタダなんだから、出会う男性全員に配っておけばいいんです。

真衣　たしかに、損はしないですもんね。

植草　そうそう、真衣さんは行動する前にいろいろ考えすぎです。それじゃ、さっそくお見合い相手を選んでいきます。その前に、まずは真衣さんの理想の結婚相手について掘り下げていきましょう。

真衣　はい！

Uekusa's Advice

結婚したいなら、「いい人がいない」は禁句です

マリーミーに相談に来られる方が、これまでの恋愛や人生を振り返ってよく口にされるのが、「いい人がいなくて……」というひと言です。

世の婚活女子がなかなか彼氏ができない理由として「いい人がいない」「好きになれない」と愚痴をこぼしているのもSNSなどではよく見かけます。

さて、この場合の「いい人」とは、いったいどのような人なのでしょうか？

意外かもしれませんが、お見合い後に文句ばかり言う人ほど自分の理想の相手の条件がぼんやりしていて定まっていなかったりします。ぼんやりした条件で男性に会うから「いい人」に出会えないし、時間もムダにしてしまうのです。

「あざと女子」は、その点、自己分析をしっかりしていますから、自分にとってどんな男性がベストなのか、カウンセリングの段階ですでにはっきりしています。

自分が思い描く理想の人生と、それをかなえてくれそうなお相手の具体的な条件が明確です。

とくに結婚を目標としているのなら、10年、20年先まで見据えてお相手選びをする必要があり

ます。

具体的というのは、理想を高く持つのではなく、自分が絶対に譲れない部分と譲れる部分をはっきりさせるということです。

婚活が長引く人の傾向として、「条件を後出ししてくる」という点があります。最初は真衣さんのように「高望みしません。清潔感があって年収500万円以上ならOK」と言っていても、「やっぱり身長は170センチ以上じゃないといや」「薄毛の男性は無理」「次男がいい」など後出しで文句を言ってくるのです。

相手の男性にも失礼ですし、互いに時間のムダになることは避けるべきなので、できるだけ最初に条件をしっかり考えてほしいと思います。そして、一度決めた条件以外のことで少し気になるポイントがあったとしても、とりあえずは目をつぶる。

「あばたもえくぼ」というように、デートを重ねて相手に好意を持てるようになれば、欠点すらかわいらしく感じてしまうのも恋愛の醍醐味《だいごみ》。あまり最初から細かいことを気にしない寛容さも人生には必要です。

何より、「あざと女子」なら、多少気になる部分があったとしても「いいところは、どんなところかしら?」と、いいところを見つけて、ポジティブに捉えて、前向きに男性とつきあっていくはず。

今日も女子会で「いい人がいなくてさ〜」とぼやいている、そこのあなた。
「いい人」に出会えるように、あなたは行動していますか？

「あざと女子」のルール

RULE 10
「いい人がいない」は嘘。「あざと女子」は「いい人」に出会うまで諦めない。

RULE 11
何歳までに、どんな相手と、どんな家庭を築くのか。
ライフプランは具体的かつ戦略的に。

RULE 12
愛想なんてタダなんだから、振りまいておけばいい。

Mai's Story 07
ファミレスに連れていかれたのは誰のせい？

それから1か月後の土曜日。
カウンセリングルームにやってきた真衣は落ち込んでいた。

植草　そんなに暗い顔をして、どうしたんですか、真衣さん。
真衣　やっぱり私、ダメかもしれません。

真衣は教えどおり、この1か月、平日にもお見合いをし、習いごとの時間を変更してまで休日は2件、多いときには一日に3件のお見合いを重ねた。

真衣　先生が長文のコメントを書いてくださったプロフィールシートと、アドバイスしてもらったメイクや服装のおかげで、いろいろな人とお見合いできたのはよかったです。相手の男性も条件をしっかり考えたおかげで、素敵な人ばかりでした。

植草　本当に真衣さん、よく頑張りましたね。

真衣　言われたとおり、会えるだけ会いました。平日は仕事終わりに待ち合わせしてラウンジでお茶をして。休日も朝にお茶、お昼にお茶、夜にまたお茶して。それはもう、お見合いの鬼かのように動き続けました。そのなかで2人、いいなと思った男性と仮交際に進むこともできました。

植草　**言われたことをすぐ実践できる。**真衣さんのその素直さは大きな武器です。素晴らしい！

真衣　ありがとうございます。じゃあ、仮交際に進んだ方々とデートをしてみて思ったことを素直に言ってもいいですか？

植草　ぜひ、聞かせてください。

真衣　あの……みんなケチです。婚活してる男性って、みんなケチなんですか？

植草　ケチ？

真衣　待ち合わせしてカフェやご飯に行きましょうってなりますよね。それでどこに連れていかれたと思います？

真衣は全国展開している有名ファミレスチェーンの名前を暗い声でつぶやいた。

「まるで何かの呪文のようだ」と植草は思った。

真衣　学生や、せいぜい20代が行くようなファミレスに連れていかれたときは目まいがしそうでした。いちおうデートですよ？　私だって二十歳《はたち》そこそこだったら別に笑ってられましたけど。婚活なんだし、普通、それなりのところに連れていくものですよね。しかも、お会計のとき、私が「おいくらですか？」って財布を出したら、「あ、じゃあ1000円で」ってお金までとられたんです。てっきり「大丈夫ですよ」って言ってくれると思ったのに……。

植草　なるほど。

真衣　はぁ。まったく情けないですね。最近の男性は。別に私もお金がないわけじゃないんですよ。これまで仕事ひと筋で働いてきて、こう見えて後輩の教育をする立場なんで、それなりに余裕だってあります。でも、デートの前に美容院に行ったり、コスメを買いそろえたり、新しい服を買ったり、女性は準備にすごくお金をかけてるじゃないですか。これだけ気合い入れて準備したのに、その努力を男性は全然わかってないんだなって、今回がっかりしました。

植草　真衣さんが会った男性にも何かしらの課題があったかもしれないですね。でもね、相手だって真衣さんに言いたいことがあるかもしれませんよ。

真衣　私に？　ガヤガヤ騒々しいファミレスで、いやな顔せずニコニコして、会話だって盛り上げようと思って話題をたくさん振りましたよ。

植草 ちなみに、デートにはどんな格好で行かれたの？

真衣 えっ？　先生に以前言われたとおり、ちゃんとおしゃれして行きましたよ。

真衣はスマホで写真を見せる。

真衣 こんな感じのワンピースとか。

植草 ほかには？

真衣 ほかには、これとか。

真衣が画像をスクロールしていく。

植草 なるほどね。いまの写真を見たら、ファミレスに連れていかれたのも納得です。

真衣 えっ、どうしてですか？

植草 「ちゃんとおしゃれして行った」と言うけど、普段着に毛が生えたような、そんなお洋服ではダメなんです。

真衣　普段着に毛⁉

植草　**お見合いやデートは人生を決めるための大事な時間です。一瞬も気を抜いてはいけません。**初めて顔を合わせて挨拶したときの最初の6秒が勝負。それに対して真衣さんのファッションはあまりにもカジュアルすぎます。こんな服で行ったらファミレスに連れていかれてもしかたないわ。

真衣　でも、これ、婚活のために新調したワンピースですよ！

植草　いつも行くお店で買ったんですか？

真衣　はい。いつものお店で1万円ぐらいのワンピースで奮発したんですけど……。

植草　**いつも行くお店じゃダメ。もっとレベルの高い店に行くこと。**ハイレベルなお店は接客のレベルも高いから、自己肯定感を上げるのにぴったりなのよ。いつもより背伸びしていいものを買うことで、それに見合う自分になれるんです。

真衣　じゃあ、どんなファッションだったらよかったんですか？

植草　たとえばだけど、全身白いワンピースに6センチのヒールだったらどう？　そんな人をファミレスや居酒屋のような普段行くお店には連れていかないでしょ。

真衣　た、たしかに。

植草　真衣さんの選んだ服は「お見合いなら、なんとなくこれでいいか」っていう適当さが伝わってしまいます。量産型のワンピースではときめかないし、特別感も出ないわ。**今日、この出会いが運命だった、と相手に錯覚させるぐらいの演出をしなくちゃ！**

真衣　適当だなんて……本当にかわいいなって思う服を選んだんですよ〜。

植草　自分が見てかわいい服じゃなくて、他人が見たときに「素敵！」と思う服を選ぶこと。そしてスタイルが飛びきりきれいに見える服。見抜かれるんですよ、そういうのは。**男性はたいてい第一印象でアリかナシか決めるんだから。最初の6秒よ！　たったの6秒。**婚活ファッションは戦闘服です。横断歩道をイメージしてみて。同じように信号待ちをしている人がズラッと並んでいるとして、向こう側から見ても、いちばんキラキラ輝いていることを目指しましょう。それが真衣さんの早急に取り組むべき課題です。

真衣　でも、先生、私さっきお金はあるなんて大口叩《たた》きましたけど、ちょっと見栄《みえ》を張りました。普通の会社員だし、服もコスメも、いいものは欲しいですけど、そんなたくさん買う余裕はないですよ……。

植草　高いものをどんどん買ってほしいということじゃないの。**とっておきのワンピースが3着、またはスカート3着とトップス3着を組み合わせて上品なセットアップにしましょう。**あとは足がきれいに見えるような女性らしいヒールの靴を1足持てば十分。

真衣　それだけでいいんですか？

植草　**「あざと女子」はお金の使い方も賢いの。安もの買いの銭失いはしないんです。**実際にマリーミーにいらした女性会員さんは、とっておきのワンピース3着を着回して成婚退会されましたよ。

真衣　ええ、すごい。どんなお洋服だったんだろう。

植草　それはそれは婚活にぴったりの、上品でスタイルがよく見えるワンピースよ。お見せするわ。

と、真衣は衣装がたくさん置いてある部屋に通された。3枚のワンピースはどれも上質できれいなラインのデザインだった。

植草　この1枚はね、会員さんが成婚退会するときに「私にはもう不要ですから、後輩会員さんに貸してあげてください♡」って置いていかれたの。あと、こちらの2枚はマリーミーでつくっているマリーミーブランドの婚活最強ワンピースです！

真衣　そのワンピース、私も欲しいです！！！

Uekusa's Advice

「あざと女子」は「男性批判」より、まず「自分に目を向ける」

最近の男性は受け身で恋愛ベタ。そんな話を聞いたことはありませんか？

あまり昔と比べたくはないですが、会員さんの話を聞いていても、本当に消極的で恋愛慣れしていない男性が増えたと感じることは少なくありません。

デート後のカウンセリングで女性から不満が出ることもあります。

気がきかない、シャイで話が盛り上がらない……なかには真衣さんのように「デート先がファミレスだった。おごってくれなかった」という文句もあります。

もちろん、女性の言い分もわかるのです。男性にはリードしてほしい、おしゃれなお店でロマンティックなデートを楽しみたい……そう願う女性は多いでしょう。

しかし、いくら映画やドラマのようなスマートなデートを求めたところで、**現代の男性は圧倒的に恋愛ベタ！**　実際に20代男性の2人にひとりが「交際経験なし」というデータも出ているくらい場慣れしていません。ゆえにトンチンカンな発言やデートには不向きな場所に連れていかれることもあるでしょう。それでも**「あざと女子」を目指すなら、いちいちそういった言動に怒りを覚えるより、「恋愛ベタなんだなー」と面白がれるぐらいの心の余裕が欲しいものです。**

SNSでは「デートでのファミレスはアリかナシか」「デート代は男性がおごるべきか割り勘か」など男女間の論争がたびたび起こっていますが、ただひとついえるのは、**「あざと女子」なら感情的に男性批判をするより「自分にも何か問題はなかったか」と振り返るはずです。**グチグチ言ったところで自分にプラスになることは何もありません。

「今度はファミレスにならないように、もっと特別感のある服装にしてみよう」「髪型やアクセサリーでラグジュアリー感を出してみよう」と、つねにポジティブな考えで気持ちを切り替えられる人が幸せをつかむのです。

「あざと女子」のルール

RULE 13
婚活ファッションは戦闘服。とっておきの洋服は3着あればいい。

RULE 14
「デートでファミレスに連れていかれた」と憤る前に自分を振り返ってみる。

Mai's Story 08
「あざと女子」を目指すなら「小学4年生」になりましょう

植草　ところで真衣さん、さっき仮交際中の男性にファミレスに連れていかれたと言っていましたね。

真衣　はい。先生のおっしゃるように、いつものお店で買った服装で行った私も悪かったかもしれません。

植草　そんな真衣さんに、男性とデートするときに使える、デート場所に絶対に不満を感じなくなる、魔法の言葉をお教えします。

真衣　えっ、そんな言葉があるんですか⁉

植草　**「私、○○に行ってみたいんです」と自分から提案なさってください。**

真衣　ええっ、だってデートって普通、男性がお店を予約するものですよね？

植草　そんなルールはありません。男性と初デートのお約束をしたときのやりとりを見せてくださいますか？

真衣は植草にLINEのトーク画面を見せる。

男性　何か食べたいものはありますか？
真衣　好き嫌いないので、なんでも大丈夫です。

植草　ほら、真衣さん、なんでも大丈夫って。なんでも大丈夫なら、どこに行くことになっても文句は言えないですよね？

真衣　たしかに、なんでもいいとは言いましたけど。だからってファミレスに行くとは思わないじゃないですか。だって私、33歳ですよ！　相手の男性だって同年代だし、余計なことを言わなくても、いい感じのお店を予約してくれるって普通、思うじゃないですか……。

植草　真衣さん。それは相手に期待しすぎです。**何も言わなくてもわかってくれるはず、なんてコミュニケーションをサボっている証拠。**「あざと女子」は相手を動かすの。自分が連れていかれちゃダメ。自分が連れていく、ぐらいの気持ちでいないとね。

真衣　ええ〜。それは男性にやってほしいんですけど……。

植草　では、デートにおける真衣さんの役目は男性が選んだお店についていってケチをつけることですか？　ごちそうしてもらえなくて、あとで文句を言うこと？

真衣　じゃあ、どうやってメッセージを返せばよかったんですか？

植草　そんなの簡単。**「AかBかCはいかがですか？」と自分が行きたいお店を3つ提案して彼に決めてもらうの。**そうすると、彼が決めてくれたことにもなるし、自分が行きたいお店にも行ける。行きたくないお店に連れていかれることはないでしょう！

真衣　な、なるほど。

植草　男性も立ててあげられるし、一石二鳥じゃない。つまりね、言いたいことをただストレートに言うだけではなくて、**「あざと女子」は相手に選択肢をあげられる人なんです。**じつは自分の思いどおりになっているのに相手にも花を持たせてあげる。だから、提案するときは3つ選択肢を出すのがいいんです。マリーミーにいらした「あざと女子」はみんなそれができているの。それで、さっきのメッセージの続きを見せてくださいますか？

男性　エリアのご希望ってありますか？

真衣　どこでも大丈夫です。私の職場は〇〇駅の近くです。17時には会社を出られます。

男性　では、××駅に18時集合でもいいでしょうか？

真衣　わかりました！　よろしくお願いします。

植草　ほら、「どこでも大丈夫」ってお返事してるから、真衣さんの行動エリアからちょっと遠い場所を指定されてしまいましたね。

真衣　それもイラッとしたんですよね。職場は○○駅って伝えてるんだから、てっきりその周辺にしてくれるものだと思ったんですけど、気がきかない男性だなーって。

植草　そういうのを**「察してちゃん」**といいます。

真衣　ええ!?　私が悪いんですか？

植草　職場の近くでデートしたいのだったら、「職場が○○なので、○○駅周辺のお店でもいいですか？」って、ひと言いえばよかったのに。それを何も言わずに、ただ駅名だけ伝えてわかってくれるだろうだなんて。もしかしたら、相手の男性にすれば職場に近すぎるといやかな、と気を使って提案してくれたのかもしれませんよ。

真衣　先生がおっしゃっていることはわかります。でも、それって落とし穴があるんじゃないですか？

植草　落とし穴？

真衣　最初に私がデートプランを決めてリードしちゃったら、「この子、いろいろ考えてくれて楽だな。何もしなくていいな」ってつけ上がって相手の男性にとって都合のいい女になっちゃいませんか？　それからずっとこっちがデートプランを考えることになったり。

植草　だったら、そうならないようになさればよいのでは？

真衣　えっ？

植草　初回のデートでは真衣さんが選んだ店に行く。そこで食事をしながら、「次は○○さんがお店を選んでね♡　○○駅周辺のフレンチがいいな♡」とお伝えすれば、相手だってそのとおりに動いてくれますよ。

真衣　えー、そんな簡単にいきますかね。

植草　真衣さん。**「あざと女子」になりたいのなら小学4年生におなりなさい。**

真衣　しょ、小学4年生ですか？

植草　そう、小学4年生。子どもって自分の思ったことをなんの遠慮もなく素直に主張するでしょ。あそこ行きたい、これ食べたい、今度はあれしたーいって。それを真似してください。**自分が思ったことを素直に口に出す。「察してほしい」をやめて相手にしっかり伝える。**ただそれだけのことなのに、真衣さんみたいに相手に何も伝えることなく裏で文句ばっかり言うからうまくいかないの。

真衣　たしかに、「あざと女子」は意見をはっきり言っているかも……。

植草　婚活と思うから余計な感情が乗っかって、ややこしくなるのです。自分が行きやすい場所、行きたいお店に行くついでにお見合いすると思ってください。仮に相手と合わなくても好きな料理を食べられたなら結果オーライじゃない。

真衣　たしかに。その考え方、いいですね。

植草　ついでに**相手の男性のこともお見合い相手と思わない。高校の同級生だと思って接すること。**

真衣　フランクに接しろってことですか？

植草　そうです。とくに真衣さんみたいに恋愛経験のない方はあれこれ考えてしまって上手《じょうず》にコミュニケーションがとれなくなるし、無意識のうちに相手に期待してしまうことが多い。だから、友だちだと思って接するくらいがちょうどいいの。

真衣　自信ないけど、やってみます。

植草　**「あざと女子」はとにかく自分ファースト。**これが鉄則です。

真衣　あ、待ってください、メモします。

植草　まずは自分の思っていることを口に出して相手に伝える。それって普通のコミュニケーションなんだけど、できない人は多いのよね。

真衣　でも、男性からワガママ女だって思われて引かれたりしないですか？

植草　前にも言いましたが、伝え方は大切です。ふんぞり返って偉そうに言うのではなくて、**子どもみたいに無邪気にかわいらしく伝えるの。**子どものお願いって、なんでもかなえてあげたくなるでしょ？　それと一緒です。デートプランについては、男性でも女性でも考えるのは面倒だと思う方が多いので、相手も提案してくれてラッキーと思われるはずです。

真衣　私、昔からなんでもいいよ、って言いがちで、自分の食べたいものとか行きたいところをちゃんと伝えられてなかったかも……。今度からは伝えるようにしてみます！

植草　**要求を伝えることって、じつは相手を楽にすることでもあるんです。**「なんでもいい」というのは、やさしいのではなく、コミュニケーションをサボってるだけ。ほら、そうしたら次にやるべきことを始めましょう。

真衣　えっ、なんですか？

植草　デートプランを考えるの。**自分が行きやすいエリア、食べたいものをベースに行ってみたいお店を10個リストアップしましょう。**

真衣　わかりました！

Uekusa's Advice

伝えてもいないのに「わかってもらおう」はダメです

婚期を逃しがちな女性に多いのが、真衣さんのように、自分は何も言葉で伝えていないのに勝手に期待して、勝手に「裏切られた」と憤る人です。

「言わなくてもわかるはず。わかってほしい」

「いちいち説明しなくても、やってくれると思った」

「告白してくれると思った」

「そろそろプロポーズしてくれると思った」

そこで、

「じゃあ、そのために何か行動したんですか？」

「相手にその思いを伝えたのですか？」

と聞くと黙ってしまう。

これはコミュニケーションをサボっている人の、ただのエゴです。

「察してちゃん」の問題は自分の思いどおりにならないと不機嫌になったり、つねに自分が正しくて期待どおりに動かない相手が悪い、と他責思考であったりする点です。

相手に「こうしてほしい」と願うのなら、伝えることをサボってはいけません。

そして、「伝える」ときは不機嫌な表情や態度で遠回しに訴えるのでなく、きちんと言葉を使い、感情的にならずに伝えることが大切です。

あなたの本当の気持ちはあなたにしかわかりません。

心が読めて、つねに先回りして行動してくれるエスパーのような男性はいないのです。

「あざと女子」はその点をよく理解していて、伝える努力を惜しみません。相手が不快にならないような伝え方で相手を動かします。結果、人生が思いどおりになっていくのです。

「あざと女子」は他人に期待していません。

自分だけを信じて行動しているのです。

他人にイライラしやすい人や落胆しやすい人は、まず自分がコミュニケーションをサボっていなかったかどうか、勝手な期待や願望を押しつけていないか、まず自分の言動を振り返ってみてください。

これは結婚後の生活にも大きく響く問題です。家庭に入れば家計のこと、家事分担の問題、育児負担など、夫婦で話し合って価値観をすり合わせなければならない問題が山ほどあります。まったく違う家庭環境で育った2人が一緒に生活をしていくわけですから、必ず相手に対して不満に感じる部分が出てくるでしょう。

そんなときに、その不満を言葉にせず、ただ不機嫌な「察してちゃん」でいたら、相手はいつまでもあなたが不機嫌な理由がわかりません。

関係性はどんどん悪いものになっていきます。

「あざと女子」は自分が楽をするために前向きなコミュニケーションをとり、自分が過ごしやすい関係性をつくる努力をしています。

「他人と自分は違う」と自己と他者を分けて考えることで、他人に勝手な期待を押しつけないのが賢くて、「あざとい」女性なのです。

「あざと女子」のルール

RULE 15
とにかく自分ファースト。自分の好きな場所に相手を「連れていく」。

RULE 16
「なんでもいい」で丸投げせず、自分の要求をきちんと伝えるのが「あざと女子」。

RULE 17
イライラしたときは相手に勝手な期待や願望を押しつけていないか振り返る。

Mai's Story 09 「ありがとう」は魔法の言葉

2週間後、華やかなワンピースを着て真衣はマリーミーを訪れた。
少し肩についていた髪をきれいに内巻きにし、女子アナ風のいでたちで現れた真衣に、「やっぱり真衣さんって磨けば輝く方だったわね……」と植草は内心、感激していた。

植草 真衣さん、そのワンピース、素敵ね！ 華奢《きゃしゃ》さが際立ってすごくスタイルがよく見える。ダボッとした服をやめて正解！

真衣 先生のおかげで最近、会社の人や友だちにも見た目をほめられることが増えました。

植草 うれしいわ。本当にどんどんきれいになっていて。それなのに、どうしたんですか？ 元気がないように見えますけど。

真衣 先生に言われたように、お見合いのときは気合いを入れて特別な服を着ていくようにしてます。そのおかげか、仮交際に進んだときにも素敵なお店に連れていってもらえるようになりました。あと、前回教わったように、男性がお店選びで悩んでいそうなときは私から「ここ行ってみたいんですけど、どうですか？」と提案するようにしています。以前よりデートもスムーズに運ぶようになりました。おいしいお店でデートすると、やっぱり気分も弾みますね。

植草　自分ファーストを実行したのね！　素晴らしい。

真衣　でも、先生。私、なんだか男性と会えば会うほど、自信がなくなっちゃって。

植草　あら！　どうして？

真衣　先生、男性におごってほしいときって、どうすればいいんですか？　最近は男性がおごるのはおかしい、男女平等って意見もあるみたいですけど。私はやっぱり最初のデートくらいはおごってほしいな～って思っちゃうんです。

植草　収入の問題や世代間の違いもあるけれど、私がカウンセリングで話を聞くかぎり、女性の8割はおごってほしいと言います。初デートくらいごちそうしてほしい、という女心はわかりますよ。

真衣　やっぱりそうですよね。でも、私の場合、初回のデートから割り勘でって言われることが多いんです。ネットで調べると、「おごられないのは、おごりたくなるような魅力がないから」みたいな論調で。これだけ頑張ってるのに、私ってそんなに魅力ないかなって、だんだん悲しくなってきてしまいました。別にお金が惜しいわけじゃなくて、結局、頑張ってもその程度にしか思われないんだなって。

植草　そんなに落ち込まないで。まぁ男性がごちそうしてくれるかと女性に魅力を感じているかが対応しているかどうかはいったん横に置いて、真衣さんは「やっぱり男性からごちそうしてもらいたい派」なのよね？

真衣　はい。

植草　だとしたら、**ごちそうしてもらえるように演出する必要があります。**「あざと女子」は演出のプロなんだから。真衣さん、直近のデートで相手の方に何回「ありがとう」って言ったか覚えていますか？

真衣　「ありがとう」？　えーと、デートが終わってから「今日はありがとうございました」って言ったくらい……ですかね。

植草　それは圧倒的に感謝不足ね。

真衣　感謝不足。

植草　まず待ち合わせの段階で「今日はお時間をつくってくださって、ありがとうございます」から始まって、お店を選んでもらったのなら、「お店を選んでくださってありがとうございます」。真衣さんが提案したプランなら、「一緒に来てくれてありがとうございます」。それから食事中に「とてもおいしいです。こんなお料理をいただくと幸せな気持ちになります。ありがとうございます」。食べ終わったら、「ごちそうさまでした、ありがとうございます」。お会計のときは「今日は楽しかったです。ありがとうございます。ごちそうさまです」。チャンスがあれば何度でもありがとうを伝えましょう。**もううるさいぐらいに「ありがとう♡」を連発するんです。出し惜しみしちゃダメよ。**男性は喜ぶ顔を見せれば見せるほどもっとかっこつけたくなるし、おごろうって気持ちになるんだから。それを感謝の気持ちも伝えず、ただおごってほしいっていうのは、厚かましいだけです。ごちそうしてほしいなら、とことん感謝を伝えること。

真衣　感謝……！

植草　**ありがとうございます、のときの笑顔も練習したほうがいいわね。**毎回、本気で感激している表情をつくらないとダメ。気持ちは女優よ。こんなの初めて！　っていう感動を演出することが男性を喜ばせるんだから。

真衣　「あざとい」を演じるって楽じゃないですね……。

植草　でも、真衣さん、順調に「あざと女子」に近づいているから、大丈夫。

真衣　それと自信がなくなった理由がもうひとつあって……どの男性とも次のデートの予定が決まらないんです。

植草　えっ？

真衣　初回デートでいい感じって思って後日、連絡するじゃないですか。なぜか次の約束につながらないんです。

植草　このあいだ会った広告代理店に勤務されている方。真衣さんのこと気に入ってくださってるって連絡はありましたが。

真衣　はい。いい感じだったんです。でも、次のデートの日程がなかなか決まらなくて、このまま終わっちゃいそうで……先生どうしたらいいんですか？

植草　その彼とのやりとり、見せてもらえる？

真衣　いいですよ。あ、でも、私、今度は「察してちゃん」とかやってませんからね！

真衣がスマホを植草に渡す。

男性　先日はありがとうございました！　とても楽しかったです。またお会いしたいのですが、15日か20日のご予定はいかがですか？

（2日後）

真衣　両方とも難しいので、別日はどうでしょうか？

植草　真衣さん。つかぬことを聞きますけど、お相手からメッセージが来てからお返事が2日間も空いてるんだけど……これはどうしてですか？

真衣　ええと、とくに理由はないです。

植草　それでは、どうしてこんなに返事が遅いのでしょう？

真衣　すぐ返信したら、簡単に手に入ると思われるかなって。だから、じらす作戦なんです！

真衣は勝ち誇ったように言う。

植草　あのね、真衣さん。

真衣　はい。

植草　**「あざと女子」は意味のない駆け引きはしません。**相手に対して失礼なだけです。

真衣　え!?

植草　ほら、別のこれ見て。デートのあと、彼がすぐに「先日はありがとうございました！」ってメッセージくださっていますよね。

真衣　は、はい。

植草　それに対して真衣さんは翌日のお昼にお返事していますね。

真衣　返信を待ってるあいだ、私のことを考え続けてくれるかなって……。

植草　**ごちそうしてもらったのなら帰宅後、すぐにお礼の連絡をするのが常識です。**

真衣　でも。

植草　仕事でお世話になった方とお食事に行っても同じことをしますか？

真衣　しないです……。

植草　そうですよね。相手へのリスペクトがあったら、そんな失礼なことはできません。

真衣　でも、昔読んだモテテク本には、すぐ返信するなって書いてあったから。

植草　もう、いったいいつの時代のテクニックを引きずってるんですか？　返信をわざと遅らせてじらすなんて、いまの時代には通用しませんよ。ちなみに、**返信が遅いせいで交際が終わった例って、たくさんあるのよ。**とくに好条件だったりモテる男性は忙しいし、時間もかぎられてる。お誘いも多いんだから、返事が遅いと自分に興味がないのかなと相手に思われて、早々にお断りされてしまいますよ。

真衣　そうなんですか？　それを早く言ってくださいよ〜！

植草　それは、ご入会時に配信している動画でもお伝えしているはずよ。さあ、いますぐ返信しちゃいましょう。

真衣　えっ、いまですか？

植草　**フットワークが軽いのが「あざと女子」です！**
真衣　わかりました！

真衣は急いで返信を打つ。

真衣　先生、もし本当に忙しくて手が離せなかったときは、どうすればいいんですか？
植草　そういうときは「仕事中で手が離せないので、のちほどお返事します。ごめんなさい」って、ひと言伝えておくと印象がいいわよ。「あ、この子はどんなに忙しいときでも人のことを考えられる人なんだな」と、うれしくなるでしょう！ **みんな誰かに何かをやってもらうのを待ってばかりだから、そこから抜け出して特別な存在になるためには自分から動くしかないんですよ。**

Uekusa's Advice
昔のモテテクは、もう通用しません

前にもいったように、現代の男性は消極的で非常に奥手の方が多いです（その分、心やさしく、繊細な配慮ができる方も多いのですが）。

だからこそ、**昭和、平成の時代に流行《はや》ったような「高飛車なモテテク」は通用しません。**アッシーくん、メッシーくんがいた時代のモテテクと現代のモテテクがまったく違うのは当然ですよね。でも、このアップデートを怠っていると過去の恋愛ノウハウ本で読んだ化石のような駆け引きテクニックを使って失敗してしまうのです。

真衣さんのように「わざとメールの返信を遅くして相手をじらす」なんてもってのほか。男性は「自分に興味ないんだな」とあっという間に諦めて引いてしまいます。

恋愛に相手をドキドキさせるような駆け引きが必要だったのは昔の話。

自分に自信がないタイプの男性には駆け引きは逆効果ですし、モテる男性にとっても「この人は、駆け引きしているな」というのが透けて見えて冷める要因になります。

よっぽど自分の恋愛テクニックに自信があるなら別ですが、**基本的には駆け引きなんて面倒**

なことより相手に真摯に向き合うことのほうがずっと大切です。

男女のコミュニケーションの基本は、すごくシンプルなことだと思います。感謝を伝える。連絡はこまめに返す。相手を試すようなことをしない。

デートの場面でも感謝の言葉をたくさん伝えることが大切です。

「ありがとう」は何回言ってもいいのですから、出し惜しみをする必要はないのです。誰だっておごられて当たり前、という態度の人にごちそうしたいとは思いません。

モテテクより大切なのは気持ちを伝える姿勢です。

そのなかで自分の魅力をいかに伝えるか。

「あざと女子」を目指すなら、その方法を研究してみてください。

「あざと女子」のルール

RULE 18

無意味な駆け引きはしない。

Mai's Story 10
「あざと女子」は時間を一秒もムダにしない

ある週末の夜。仕事をしていると植草の電話が鳴った。

植草 もしもし、真衣さん？　どうなさったの？

真衣 先生、ちょっと困ったことになって。私、どうすればいいでしょうか。

電話越しの真衣は困り果てている様子だった。

植草 今日はこれから鈴木《すずき》さんと初デートではなかったですか？

真衣 そうなんですけど。いま、急に先方から連絡が来て「仕事でトラブルがあったので1時間遅れる」って言うんです。

植草 なるほど。それで？

真衣 仮交際後の初デートですよ？　しかももう待ち合わせ場所にいるのに、いま連絡ってありえないですよね。せっかくお店も予約してあるのに。もう無理です。この会員さんとは交際終了にしてください。もう帰りたいです……。

植草　ちょっと待って。落ち着いて、真衣さん。

真衣　しかも、いま、雨降ってるんですよ。寒いし、ヒールもびしょびしょだし、傘持ってないし、泣きたいです。

植草　こういうときこそ「あざと女子」のテクニックを使いましょう。

真衣　え？　何をするんですか。

植草　まず、お相手は、たしかにギリギリではあるけど、ちゃんと真衣さんに遅刻すると謝罪の連絡してくださったわけよね。

真衣　そうですけど。ギリギリです。

植草　だったら**一度はその謝罪を受け入れましょう。**ここで真衣さんが怒って帰っても、ただヒールを汚していやな気分になっただけで何も得られるものはないわ。逆に損するだけよ。

真衣　現在進行形でムダな時間を過ごしていますよ。

植草　**ムダのように見える時間をどう転換させるか。「あざと女子」の腕の見せどころです。**

真衣　そんなことできます？

植草　もちろん。**「あざと女子」はどんな状況でも自分にとってプラスの方向にものごとを持**

っていく天才。これはチャンス！　と思えばいいの。それにね、逆の立場だったらどう思うか？　と、つねに柔軟に考えられる人がモテるのよ。

真衣　……わかりました。

植草　そうしたら、まずは予約していたお店にキャンセルの電話をしましょう。

真衣　そうですよね。残念ですけど。

植草　それから、今度は彼に、いまから私が伝える内容を連絡してみて。

真衣　は、はい、ちょっと待ってください。

真衣はバッグのなかからいつものメモ帳を取り出す。店の軒先で雨宿りしながら真剣にメモをとる真衣を、通行人が不思議そうに見つめていた。

✦＋✦＋✦

翌日、カウンセリングルームに入ってきた真衣は上機嫌だった。

真衣　先生、昨日は突然お電話してすみません。

植草　大丈夫だった？　あれからどうなったの？
真衣　先生に言われたとおりにしました。そうしたら、すごいことが起きたんですよ。

真衣は昨日のことを振り返る。

真衣　お店にキャンセルの連絡をしたあと、こんなふうにメッセージを送りました。

真衣　ご連絡ありがとうございます。お仕事お疲れさまです。大変ですね。そうしたら私は近くでショッピングして待ってますね。ちょうど新しいリップが欲しいなと思ってたんです。ゆっくり焦らずでいいので、お待ちしてます。

真衣　別に欲しいものなんて本当はなかったですけどね。で、そのあいだに別のお店を新たに予約しました。ちょっとおしゃれなカフェです。
植草　うんうん。いいじゃないですか。
真衣　私は早めにお店に入って待ってました。それで、彼が到着するころを見計らって、入り口のすぐ外に立って待ってたんです。それでちょっとしたら、彼が雨のなか、走ってやってきました。

植草 ちゃんと手を振って呼んだ?

真衣 はい。「こっちです!」って笑顔で呼びました。彼、すごく驚いてました。寒いのに外に出て待っててくれたんですか? って。

植草 真衣さんは、なんて返したの?

真衣 「入り口がわかりにくいので、迷ったら困るなと思って」。これ、私の勘違いじゃないと思うんですけど、彼、すごく感激してました。

植草 そうでしょうね。

真衣 それに「遅くなって本当にごめんなさい」って何度も謝ってくれました。内心、まだイライラしてたんですけど、それを聞いたら、もういいかなって。

植草 相手の謝罪を受け入れたのね。偉いわ。

真衣 えへへ。それで「待ってるあいだに欲しかったものは買えましたか?」って聞かれたんです。「お店を探すのに夢中で買うの忘れちゃった」って言ったら、「次のデートで、ぜひプレゼントさせてください」って言ってもらえたんですよ! 私、そんなこと言われたの人生で初めてです!

植草 大成功じゃない。すごいわ、真衣さん。

真衣　先生がアドバイスしてくれたおかげです。もし、あそこで怒って帰ったら、何も得られないところでした。

植草　そのとおり。**一見、悪い状況でも自分の行動次第でいくらでも変えることができるのよ。**

真衣　いままでは悪いことが起きたら「もういいや」って投げ出してました。でも、粘り強く対処法を考えれば好転させられるんだなって。しかも雨のなか、濡《ぬ》れるのも気にせずに大急ぎで走ってくる彼がより素敵に見えたんです。待っててよかったです！！　先生、ありがとうございます！

植草　次のデートが楽しみね。

Uekusa's Advice

ものごとを好転させるもマイナスで終わるも自分次第です

マリーミーで数々の「あざと女子」と呼ばれるような女性に出会って、気づいたことがあります。

それは、彼女たちは一見マイナスに思えることも、プラスに変える力があること。

たとえば、交際が順調に進んでいた好条件の男性会員さんと思わぬことで行き違いがあり、交際解消となってしまったときも、**「あざと女子」は「成婚する前に価値観の違いが判明してよかった！」と前向きなのです。**

そして、すぐに気持ちを切り替え、「さらにハイスペックな男性と出会えるチャンスができました！」と、うれしそうにデートを重ねていました。

「あざと女子」は何があってもタダでは起き上がらないのです。

そして、過ぎ去ったことには執着しません。

一見、マイナスに見えることでも、必ずすべてはいいタイミングで巡ってきたはずだ、と強

いマインドを持ち続けます。

一方で、婚活が長引く女性はなんでもマイナス面にフォーカスします。男性を見るときは減点方式でいいところを探そうとしない、デートで少しでも不快に感じる言動があればすぐに「私とは合わない」と判断してしまう……など何ごともマイナスに捉えてしまうのです。

たとえば、男性に振られてしまったとき、「男性への恨みや後悔など負の感情でふさぎ込む」か、「もっと素敵な男性に出会えるチャンスができた」と思うかは自分次第ですよね。負の感情に支配されてしまうことは自分にとってなんのメリットも生み出しません。

今回の真衣さんのように**最悪のトラブルが起きても、考え方や見方を少し変えるだけで、人生は好転する可能性があります。**

ピンチをチャンスに変えて涼しい顔で得をつかめる人になりましょう。

RULE 19

「あざと女子」のルール

「あざと女子」は、どんなピンチもポジティブに受け止め、チャンスに変える。

Mai's Story 11
「女子会」なんて意味のないものはやめましょう

真衣がマリーミーに入会し、「あざと女子」を目指しつつ、婚活を始めて4か月がたった。

真衣は仮交際していた鈴木と順調に距離を縮め、ついに真剣交際（結婚を前提として互いに相手をひとりだけに絞って交際している状態）へと進んだ。となると、次のステップはいよいよプロポーズ、そして成婚。今日、真衣がやってきたら気持ちを確認しようと、植草は準備していた。

ところが、現れた真衣は、いつものきれいなワンピースではなく、初めてマリーミーに来たときのカジュアルな服装に逆戻りして不幸のどん底のような顔をしていた。

✦ + ✦ + ✦

植草　真剣交際を終わりにしたい？
真衣　はい……。

植草は真衣の突然の交際終了宣言に面食らった。今日は成婚の意思について確認するはずだったのに、正反対のことが起きようとしている。

植草　いったいどうしたの。このあいだまで鈴木さんとすごくうまくいってたのに。あれからデートも重ねて、やっと好きになれる人に出会えたって喜んでいたじゃない。

目に涙がにじんだと思うと、真衣はそのまま机に突っ伏して泣き始めた。

真衣　私にやっぱり結婚は無理かもって。
植草　何があったのか教えてちょうだい。
真衣　じつは……数日前に大学時代の友だちと女子会をしたんです。

3日前。

カナ　えっ、真衣、彼氏できたの⁉
真衣　えへへ。
カナ　びっくり。恋愛に縁のなかった真衣が！
真衣　じつはね、結婚相談所に入会したの。
カナ　ちょっと早く言ってよ。驚きが止まらないんだけど。
真衣　うまくいったら話そうと思ってたんだけどさ。
カナ　じゃあ、そこで出会った人なんだ。
真衣　そう。真剣交際して、もうすぐ1か月かな。
カナ　結婚相談所……てっきり私がすすめたマッチングアプリをやってるのかと思った。
真衣　試してみたんだけど、私にはあんまり合わなくて。すぐやめちゃったの。
カナ　そういえば、ファッションもメイクもすごく変わったよね。それも結婚相談所の効果？
真衣　うん。結婚相談所の先生がたくさんレクチャーしてくれるんだ。彼氏ができたのもその成果っていうか。
カナ　なるほどね。それで、その彼って、どんな人なのよ？

真衣　商社で働いてる人。同い年だよ。

真衣が写真を見せる。

真衣　このあいだ、夜景デートしたときの写真。
カナ　へ〜。やさしそうな人だね。身長は？　家族構成はどんな感じ？
真衣　身長は170センチちょっとかな。ご両親と弟がいるって言ってた。
カナ　ふーん。どうしてこの人がいいってなったの？

真衣は雨の日のデートで彼が遅刻してきたエピソードを話した。

カナ　それでキュンときちゃったんだ！
真衣　うん。雨降って地固まるというか。このまま結婚までいけたらいいんだけどね。

えへへと真衣は笑う。自分の恋愛を話すのは相当久しぶりのことで照れくさい。

カナ　……でもさ、真衣は本当にその人でいいの？
真衣　えっ、どういうこと？
カナ　たしかに、遅刻したおわびにプレゼントしてくれるのはいいけど。そもそも社会人がそんな大事な日に遅刻するかな。しかも連絡が直前っていうのも、なんかなー。時間にルーズな人って結婚してもルーズなままだと思うし。私はそういうの、気になっちゃう。

真衣は最初に植草に言われたことを思い出す。

真衣　そういえば、先生も「お金や時間にルーズな男はダメ」って言ってた……。
カナ　でしょう？　まさに時間にルーズな男じゃない。私だったらパス。
真衣　でも……。
カナ　しかも長男でしょ？　せっかく結婚相談所利用してるなら絶対、次男を選ぶべきだよ！　長男だとこの先、必ず介護問題が出てくるよ。私の周りでも義両親の介護問題でめちゃくちゃもめて離婚してる人、何人もいるし。
真衣　ええ、そこまで考えるの？
カナ　当たり前だよ。だって結婚なんだから。真衣さ、結婚結婚っていうプレッシャーで判断力が鈍っちゃってない？　だって普通、そんな短時間で結婚とか決められないよ。ありえない。真衣はとくに恋愛経験が少ないんだからさ。焦って決めても絶対に失敗するって。

カナの言葉に、真衣は深く考え込むのだった。

✦ + ✦ + ✦

真衣　というわけで、彼は違うのかなって……。

植草は深くため息をつく。

植草　たしかに、お金と時間にルーズな男性はダメと言ったけど、彼は明らかに事情が違うでしょう。その後、一度だって遅刻したことがある？

真衣　ないです。むしろ、いつも時間より早く来て待っててくれます。

植草　たった一度、しかも仕事が理由での遅刻をルーズとは言いません。逆に、会議の途中でデートを理由に帰宅するような男性だったらいやでしょう？　そこをしっかり見きわめないと。

真衣　でも、友だちに言われてハッとしたんです。私、もしかして焦ってるだけかもしれないって。そう考えたら自分の判断が正しいのかわからなくなってしまって。

植草　真衣さん、**友だちのなかにも他人の幸せが許せないという人もいるものです。**もしかしたら、よかれと思って言ってるのかもしれないけど、結果的に真衣さんの気持ちを否定してるじゃない。

植草に言われたことは、真衣が心のどこかで思っていたことだった。

植草　本当は真衣さんも、その友だちが親切心で話してるわけじゃないって気づいてるんじゃないの？　女同士って、どれだけ仲がよくても、足を引っ張り合う部分もあるから。そこで**「あざと女子」のルール。生産性のない女子会には参加しないこと！**

真衣　女子会もダメなんですか？

植草　今回みたいに無責任なことを言われて心をかき乱されるのは時間のムダでしょう。もちろん、友だちづきあいは大事よ。でも、人生の大事な局面ではできるだけ余計な声は耳に入れないほうがいいと思うわ。とくに同性で同じ独身の人の意見は、ね。

真衣　……気をつけます。

植草　もし**女子会に行くのであれば既婚者のお友だちを入れるといいわね。**そうしたら別の視点からの意見ももらえるはずだから。それと、もしかしたら、女子会ではおしゃれで高級なお店に行っているんじゃないかしら？　日ごろのご褒美と言って、女子会で素敵なお店に行くという話をよく聞きます。でも、そういうところには、ぜひデートで行ってください。

真衣　女同士で行くのも楽しいですよ。

植草　楽しいのはわかるけれど。せっかくおしゃれで高級なお店に行くなら、彼とドレスアップして「あのカップル、素敵ね」って周りに思われることを目指して。とにかく**生産性のない女子会で人生の判断を狂わせられないでね。**

真衣　わかりました。自分の気持ちを信じます！

Uekusa's Advice
「女子会」の存在は人生を狂わせます

真衣さんのように、じつはマリーミーの会員さんでも「女友だちに否定されて……」「姉が大反対で……」と男性との交際を諦めてしまう人は少なくありません。

なんでも話せる関係性の女友だちや姉妹に「その男性、ちょっとどうなの?」とネガティブなことを言われたら不安になってしまう気持ちもわかります。ときには周囲が本気で口を挟みたくなるほど危険な男性がいるのも事実です。

とはいえ、女友だちや家族が必ずしも、つねに自分のためになることを言ってくれるわけではありません。とくに恋愛や結婚というテーマになると嫉妬ややっかみなどの感情が芽生え、余計なことを言って妨害してくる人というのは結構いるのです。

周囲のアドバイスはありがたく受けとっておきながら、適度に聞き流す余裕も必要です。あなたの人生はあなたのもの。女友だちや家族はあなたの人生がどうなろうと責任をとってくれるわけでもないのです。

大切なのは自分で決めるということ。自分の気持ちや直感を信じることです。人生の大切な岐路では判断を他者に委ねるのではなく、責任を持って自分で決断しなくてはいけません。

そもそも、**「あざと女子」は女子会自体に参加しません。**はっきりいってしまえば、生産性がないからです。

「あざと女子」は自分の時間を大切にしています。若いうちは女同士、たわいもない話で朝を迎えるのも楽しいでしょう。ときにはそういった時間も人生には必要です。

とはいえ、若いころの時間をあまり浪費はできません。

これまでの人生で何に時間を割いてきたかで30代、40代と年を重ねたときの人生の質はガラリと変わっていきます。**友だちとの関係性も大切にしつつ、デートや自分を磨く時間もしっかり確保しましょう。**

自分の時間の使い方を見つめ直し、本当に大切な人との有意義な時間をつくることも、「あざと女子」には必要なのです。

「あざと女子」のルール

RULE 20

「あざと女子」は「自分を磨くために」時間を使う。

Mai's Story 12
特別な幸せは、努力なしには手に入らない

植草　ねぇ、真衣さん。私、いままでいろいろ言ってきたけど、「あざとい」って面倒くさいと思わない？

真衣　そうですね。正直、すごく面倒で、先生にこうやって教えてもらってもなかなか身につかないなって実感しています。

植草　そう。**「あざとい」って思っている以上に大変なの。それを乗り越えた先に特別な幸せが待っているんです。**普通の幸せなら偶然、手に入ることもあるかもしれない。でもね、特別な幸せは、努力しないと手に入らないの。真衣さんがずっと小バカにしていた「あざと女子」は、みんな面倒なことを乗り越えて、ポジティブに、前向きに自分自身を変化させることで、ものごとに柔軟に対応しているのよ。

マリーミーからの帰り道、真衣は植草の言葉を思い出していた。

植草　特別な幸せは、努力しないと手に入らないの。

「あざと女子」は何もしなくても幸せになれると思っていた。けれども本当はそうじゃない。その裏には、つねに前向きな努力があったのだ。

真衣はスマホを取り出し、メッセージを打つ。

> **真衣**　優ちゃん。結婚祝いの日のことを謝りたくてメッセージしました。あの日は不愉快なことを言ってしまって本当にごめんなさい。優ちゃんのことがうらやましくて、いやな態度をとってしまいました。いまさらだけど、もし許されるなら直接会って謝りたいです。

返事が来るかはわからない。でも、もしもう一度会えるなら、今度は心から「おめでとう」を伝えたいと真衣は思った。

✦ + ✦ + ✦

1か月後、カウンセリングを受けにやってきた真衣。

真衣　先生、こんにちは。

植草　こんにちは、真衣さん。

今日の真衣のファッションはピンクベージュのワンピース。若い女性に人気のブランドのものだ。上品なデザインで、真衣の印象もグッと華やかに見える。

植草　真衣さん、今日のワンピースもとっても素敵。よく似合ってる。最初にここに来たときと全然違うわね。雰囲気がとっても上品。

真衣　えへへ。ありがとうございます。

植草　**服装を変えると仕草や話し方まで上品になるから面白いわよね。**

真衣　そう思うと、最初にここに来たときの私、ひどい格好でしたよね。先生、これ、お土産です。

真衣は持っていた紙袋を手渡す。

真衣　チョコレートです。最近、人気のお店なんですよ。

植草　まぁ、うれしい。

真衣　先生、お昼もとらずにカウンセリングを続けてらっしゃいますよね。よかったら、カウンセリングの合間に召し上がってください。

植草　ありがとう。そういうお心づかいはとってもうれしいです。

真衣　昨日、ふと思ったんです。たくさんの会員さんから一人ひとり話を聞いてアドバイスするのって、すごく大変だなって。私にもたくさん「あざとい」について教えてくださって、本当にありがとうございました。

植草　真衣さんが最初にここに来られたときは「あざと女子なんて腹黒い」というようなことをおっしゃっていましたね。

真衣　そうでしたっけ？　でも、いまは違います。先生のもとで鍛えられました。

真衣はにっこり微笑んだ。

植草　頼もしくなったわ。それで、今日は何かあったの？

真衣　それなんですけど。じつは先生にご報告したいことがあるんです！

開いた窓から初夏の風が吹き込んでくる。

「あざと女子」のルール

RULE 21

「あざと女子」は、もっと「あざとい」女性から学び続ける。

Story 02

「あざとい」女性が大切にされる理由

Profile

| name: Fuka Nishino | age: 26 |

西野風香 (26)

職業　食品メーカー事務(勤続4年)

年収　350万円

趣味　メイク動画を観る、買いもの

恋愛経験　彼氏と3年交際、同棲中

結婚相手に望む条件　専業主婦OK、年収800万円以上、イケメン

休日の過ごし方　家事、旅行、カフェ巡り

結婚観、理想の夫婦像　30歳までに子どもを産んでかわいいマイホームで育てる

Fuka's Story 01
「いつ結婚するの？」……って私が知りたい！

風香　真衣先輩、本当によかったよね。結婚が決まって。てっきりシングル貫きます！　ってタイプだと思ってたのに。

ある日の昼休み。西野風香は仲のいい同僚の信子《のぶこ》と会社近くのカフェでランチをしていた。
2人の話題は先週末に行われた会社の先輩、町田真衣の結婚式の話で持ち切りだった。

風香　飲み会でも「ずっと彼氏いません」って公言してたじゃない？　てっきり恋愛とか結婚に興味ないんだと思ってた。
信子　私はなんとなく彼氏できたんだろうなーって思ってたよ。
風香　えっ、本当に？　なんでわかったの？
信子　真衣先輩、前よりきれいになったもん。髪とかファッションの系統も変わったし、メイクも上手になったし。それに、ちょっとやせたんじゃないかな。

風香　全然気づかなかった……よく見てるね。

信子　あなたが他人に興味なさすぎるだけ。真衣先輩、交際3か月でプロポーズされたらしいよ。

風香　えー！　交際3か月ってびっくり。どこで出会ったんだろう？　合コンとかマッチングアプリかなぁ。

信子　私、ほかの先輩から聞いたんだけど、どうやら結婚相談所で出会ったらしいよ。

風香　結婚相談所？　真衣先輩、結婚相談所に行ってたの？

信子　そうみたい。

風香　結婚相談所って結構高いんでしょ？　わざわざ高いお金払わなくてもさ、マッチングアプリとか無料で出会えるツールはたくさんあるのに、もったいなくない？

信子　本気で結婚したいなら相談所入るのがいちばん手っとり早いんじゃないの。ある程度の年齢まで行ったら2年も3年もダラダラつきあってるほうが時間のムダだし。

風香　時間のムダ……。

瞬時に風香の表情が曇る。

信子 あ、違うの。30歳過ぎてたらって話だからね！　私たち、まだ26歳なんだし、風香のところみたいに長くつきあうのは全然普通だと思うよ。それに、いずれ風香は彼と結婚するつもりなんでしょう？
風香 それが、じつはさ、言ってなかったんだけど……彼と別れたんだよね。
信子 えっ、そうなの？　いつ？
風香 2週間前。
信子 びっくり。どっちから切り出したの？

風香の突然のカミングアウトに信子は驚きを隠せない。

風香 私から。だって3年も同棲してるのに全然結婚する気ないんだもん。いつも肝心な話するとはぐらかされるし……このまま一緒にいても先はないなって思って。部屋も解約して、いま、実家に戻ってるんだ。
信子 それにしても思い切ったね。あんなに結婚したいって言ってたのに。
風香 だってね。結婚についてどう考えてるの？　って話したら彼、なんて言ったと思う？「まだ26だし、仕事もプライベートも、いまがいちばん楽しいときだから、もう少し自由でいたい」って。ハァ？　って感じでしょ。私、頑張ったんだよ。一緒に暮らしてるときは家事もほぼ私が担当だったし。

信子　彼は手伝ってくれなかったの？

風香　全然。得意なほうがやればいいよねってスタンス。

信子　よく長くつきあってたね……。

風香　私、人に喜んでもらうことが好きなの。相手の幸せな顔を見たいから、なんでもやってあげたくなっちゃうんだよね。でも、彼と結婚できないなら、こんなことやる意味もないなって、なんか急に目が覚めたというか……。

信子　でも、風香のことだから、きっとすぐ新しい彼氏できるよ。

風香　まぁね。でも、私、結婚はしたいけど、焦るのはいや。真衣先輩みたいに結婚相談所で条件だけで相手選んで、よく知りもしない相手と急いで結婚しちゃうって、本当に信じられないな。うまくいくか心配ー！

　風香が言い終わると同時に背後から声がした。

真衣　うまくいくように頑張るよ。

風香が振り返ると、そこには真衣が立っていた。話に夢中で気づかなかったのだ。風香と信子が一瞬にして青ざめる。

信子 真衣先輩！ い、いまのは違うんです。ただの雑談というか。
風香 真衣先輩に先越されて悔しいなーって言ってただけで。
真衣 まったくさぁ。会社近くのカフェなんだから、もっと気をつけなよ。
風香、信子 ………。

完全にやってしまった。風香は自分の失言を激しく後悔し、肩を落とす。

真衣 まぁ、でも、私も最初は結婚相談所で出会った人と結婚して本当に大丈夫かなって不安だったから。言ってることはわかるよ。
風香 えっ、そうなんですか？
真衣 うん。でも、実際入ってみるとわかるけど、出会う人はみんな結婚が目的だからさ。いいなって思った人と結婚後の生活についてじっくり話し合えるの。普通に出会ってつきあう人だと結婚観のすり合わせに時間がかかったりするじゃない？ その時間をスキップできるのがよかったかな。
信子 旦那さんとは結婚観が一致したんですか？
真衣 そうだね。家事の分担や生活サイクルやお金の使い方とか。いまのところ、うまくいってる。もちろん、性格や話が合うってのもポイントだったけどね。
風香 ……たしかに、真衣先輩、本当に幸せそうですものね。
真衣 まぁ、新婚だからね。

真衣は照れたように笑う。
その顔は明るく、信子の言うとおり、以前より数段きれいに見えた。

信子 いいな〜。私たちも結婚相談所入っちゃう？　ねぇ、風香。
真衣 よかったら紹介するよ、私が行ってたところ。あれ、でも、西野さんは彼氏がいたんじゃなかった？
風香 それが最近、別れちゃいまして……。
真衣 そうだったんだ。じゃあ、いま、まさに結婚相談所を検討する時期かもね。
風香 いや、しばらくはフリーを満喫しようかな〜って。それで、いつか自然に出会った人とお互いのタイミングで結婚できたらなって思っているので。

てっきり「西野さんはモテるから、きっと大丈夫だろうね」。そんな言葉が真衣から返ってくると風香は思っていた。ところが、実際の返事は予想外のものだった。

真衣　そんなのんびりしたこと言ってて大丈夫？

風香　えっ？

真衣　いやいや、もちろん西野さんがプライベートや仕事を充実させたいって思ってるなら、それでいいんだけど。もし結婚したいと思ってるなら、休んでる時間はないかもよ。

風香　どういうことですか？

真衣　婚活って年齢がすごく重要だから。私は相談所の先生から「モタモタしてる暇はない」ってお尻叩かれて平日も週末もお見合いしてたよ。一日で3件はしごすることもあったし。

信子　えー、そんなにですか？

真衣　20代のうちに入っておけばよかった〜って心底思ったもん。お見合いのマッチング率も20代と30代では全然違うし。実際にお見合いの申し込み時点で20代の子に負けたことは何度もあったよ……。悔しいけど、どうにもならないから。すぐ切り替えて次に行くしかないんだよね。婚活は若いうちにしたほうが断然有利だよ。

信子　そんなにシビアなんですね……。

真衣　まぁ、2人ともめちゃくちゃかわいいから大丈夫か。あんまり気にしないで。

しかし、風香の頭のなかは不安でいっぱいになっていた。

――まだ若いから大丈夫って思ってたけど、違うの？――

こっそり「モテない先輩」と決めつけていた相手は人知れず婚活に成功していた。しかも、その成功の裏ではたくさんの努力もあったようだ。結果を出している人間の言葉は風香の心に響いた。もしかしたら、いまがチャンスのときなのかもしれない。

風香　あの、真衣先輩。ちょっとお願いがあるんです。

真衣　何？

風香　真衣先輩が行っていた結婚相談所って、どこにあるんですか？

Uekusa's Advice

のんびりしていると、いい人はあっという間にとられます

このストーリーの主人公・風香さんは、まさにいまどきの20代女性。

前のストーリーの真衣さんと比べると恋愛経験もそれなりにあり、自分がモテるタイプであることを自覚しています。

若さも美貌も自信もある。一見、風香さんは「あざと女子」のように思えますが、彼女も恋愛や婚活においてはさまざまな課題を抱えています。

その課題についてはおいおい説明するとして、実際にカウンセリングをしていると、風香さんと同じように「昔は結構モテていたんです」とおっしゃる方が男女問わず一定数います。

しかし、残念ながら、**婚活において昔モテていたかどうかという事実は重要ではありません。**むしろお見合いやデートの場でモテ自慢をしようものなら相手に引かれてしまいます。過去の恋愛経験は、良い悪い関係なく言わぬが吉です。

そして、昔モテていた人ほど、いざ婚活をすると苦戦するケースが多々あります。モテる自

分が根底にあるため、主体性に欠けるのです。

「なんだかんだ言っても、自分ならいい人と出会えるだろう」と思っているので本気度も足りません。「私はまだ20代だし、ルックスもそこそこいいし、焦ってまで結婚したくない」とタカをくくっています。

この「○歳だから、まだ平気」という考え方は婚活において非常に危険です。なぜなら、そういう人ほど結局、何歳になっても「私はまだ平気」と思い込む傾向があるからです。

実際にカウンセリングで「私は○歳なので、まだ焦らなくても平気ですよね？」と相談されることがありますが、**「若いうちに結婚したいなら、いまがいちばん若いのですから、いますぐ本気で婚活してください」**というのが私の回答です。たとえ20代であっても答えは変わりません。

人生で先延ばしにしていいことは何ひとつありません。仕事も恋愛も婚活も自分の望むことを先延ばしにすればするほどほとんどの状況は悪化していきます。「あざと女子」が計算高く感じるのは先延ばしをせずに誰より早く行動に移しているからです。

とくに**婚活の場では「あざと女子」はすべてがスピーディーです。出会える時間も人数もかぎられていることを知っているので、一つひとつの出会いに対して戦略を立て、効率よく動いています。**

そして、縁がなかったと思えばすぐ次の出会いに進んでいき、自分の時間を決してムダにしません。「あざと女子」がこのテンポで動いているなかで、「私は別に焦っていないし、じっくり、のんびり、いい人を探します」なんてのんきなことを言っていると、どうなるでしょうか。いいなと思う人に出会えたとしても、あっという間に、「あざと女子」にとられてしまうのです。

行動力というのはいきなり身につくものではありません。日ごろからスピード感を意識して行動しなければ、人生の大事な局面でも出遅れっぱなしの人生になってしまいます。

欲しいもの、会いたい人、やりたいこと。
どんなことでも自分の望みはあと回しにせず、いますぐ行動に移しましょう。

「あざと女子」のルール
RULE 22
かなえたい願望があるなら先延ばしにせずに「いま」行動する。

Fuka's Story 02
「彼のために尽くす私」の正体

マリーミーのカウンセリングルームにやってきた風香は、いつになく緊張していた。真衣の話を聞いて勢いで入会してしまったが、果たしてその選択は正解だったのだろうか。とはいえ、いまさら後悔してもしかたない。

風香は「植草先生を信じて、頑張って!」という真衣の言葉を思い出し、気を引き締める。

植草 そう。真衣さんの紹介だったのですね。

風香 はい。会社の先輩で、結婚式にも招待してもらいました。こちらの結婚相談所でお相手と出会ったと聞いて、私も興味を持って……。じつは私、彼氏と最近別れたばかりなんです。しばらくひとりを楽しもうかなって思ってたんですけど、真衣先輩に「そんなのんびりしてて大丈夫?」って言われちゃって、なんか急に心配になって。

植草 風香さんは、いま、26歳ね。ということは**年齢的にはちょうど結婚中央値。**結婚するにはいいタイミングですね。

風香　中央値？

植草　最近では初婚年齢の平均は昔より上がって29歳といわれてるのはご存じですか？

風香　はい。私の知り合いも30歳前後で結婚する人が多いです。

植草　それはあくまで平均値の話。平均値というのは、初婚年齢はおよそ何歳かという数値です。結婚した人の年齢を合計して、その総数で割ることで算出していますが、たとえば80代の方などがいらっしゃる場合、そういった極端な数字に影響を受けやすい傾向があります。

一方、中央値はデータを小さい順（あるいは大きい順）に並べた際に

年齢別初婚件数（令和2（2020）年）

（備考）厚生労働省「人口動態統計」より作成。

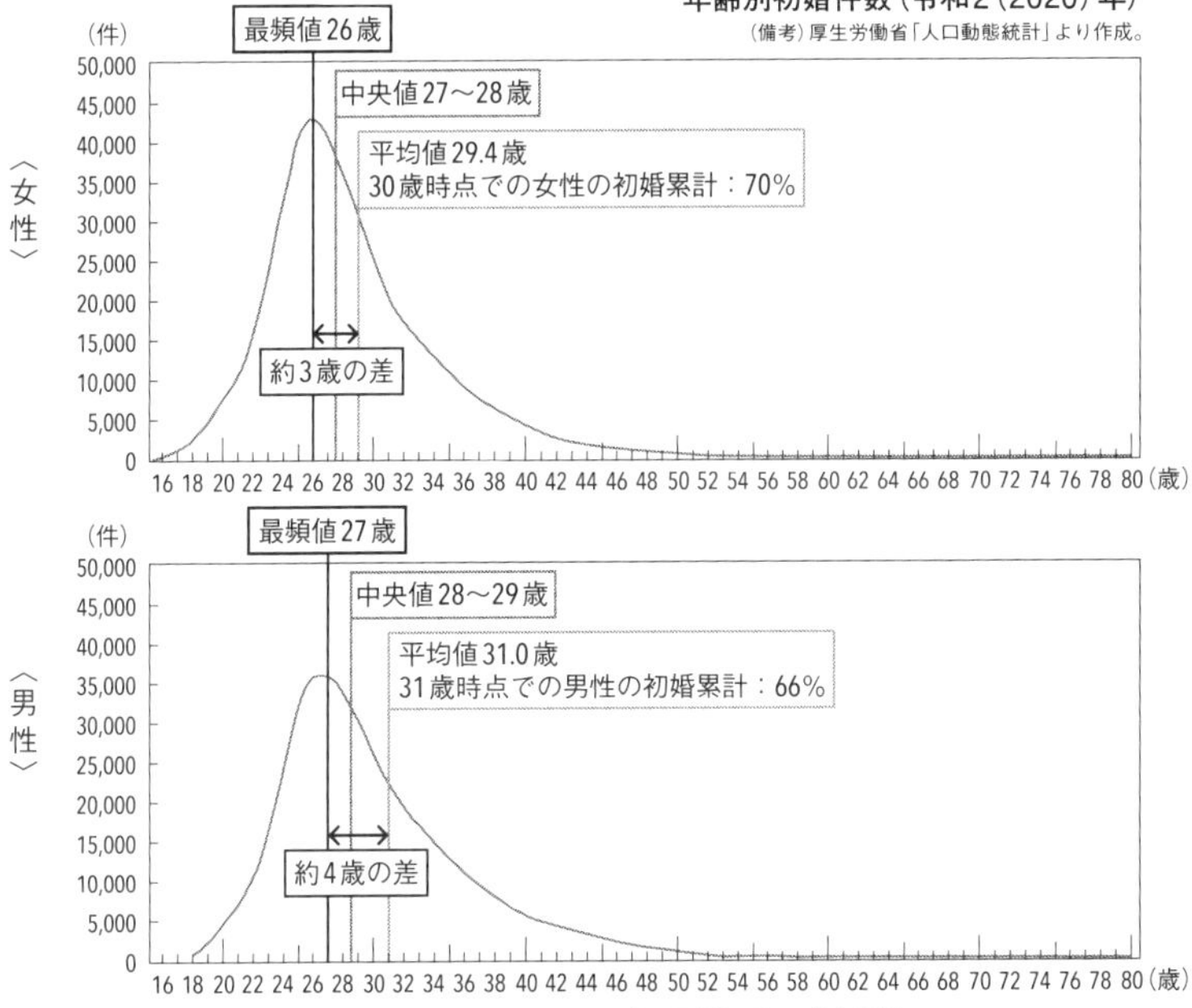

出典：データのじかん「結婚年齢の平均とは？初婚年齢の平均値と最頻値の差まで徹底解説」
https://data.wingarc.com/marriage-and-age-58572

真ん中（50％）に位置する値を指しているから極端な値の影響を受けにくい。データの中心傾向を示すことができます。そうすると**初婚の結婚中央値は27～28歳という結果になります。**

風香 平均値より若くなるってことですか？

植草 そうです。ちなみに結婚年齢のなかで最も頻繁に見られる最頻値は26歳。

風香 つまり、私は結婚最頻値、ど真ん中！

植草 そういうことになりますね。悠長なことを言っていないで、**いますぐ本気で行動したほうがいいタイミングです。**

風香 でも、先生、いまの時代、結婚は何歳でもできますよね？　自分のキャリアやライフスタイルを大事にしたほうが幸福度も高いって言われてるし。独身の女優さんもみんなすごく魅力的だし。年齢に縛られすぎるのはよくないのかなって……。

植草 そうね、自分の人生としっかり向き合って、本当に結婚したいと思ったときに動くことが大切です。ただし……。

風香 は、はい。

植草 時間は絶対に巻き戻せません。キャリアを大事にしたいと言っていた人が40歳を目前にして「やっぱり結婚したいんです、子どもが欲しいんです」って私のところに大勢駆け込んでいらっしゃいます。それもまたひとつの現実よ。

風香　そうなんですね……。

植草　風香さんは、いま、結婚したい気持ちが強いのよね？

風香　はい。

植草　だとしたら、**心の声に素直になって、いますぐ行動するのが正解だと思います。**

風香　私、頑張ります！

植草　では、いろいろと風香さんのことをお聞きしていきますね。風香さんのことがわかればわかるほどお相手も探しやすくなりますので。まずはこれまでの恋愛と、いまのお気持ちについて教えてください。

風香　はい、ついこのあいだまで同棲していた彼がいたんですが、3年もつきあっていたのに、彼がまったく結婚の話をしてくれなくて、そういう話題を持ち出すと、いつもはぐらかされていました。未来が見えないままなので、私からお別れしたんです。

植草　結婚するために何かアクションは起こされましたか？

風香　アクションというほどではないですけど、いい奥さんアピールのために同棲中の家事はすべて私がやっていました。朝も起こしてあげて、毎日、手料理の献立は変えていたし、彼の着替えや出かけるときの準備をするのも私の役目でしたね。

植草　まるで子どものお世話をしているみたいですね。

風香　いいママになれるよというのも同時にアピールしようという作戦です。

植草　……。

風香　それだと家庭的すぎてもの足りないこともわかってます。だから私、必ず彼より早く起きてメイクにも手を抜かなかったし、ルームウェアもかわいいやつを着るようにしてました。生活感が出ないようにスタイル維持にも気を使っていたし。一緒に暮らしていても「女」を忘れちゃダメですよね。

植草　そうやって結婚に向けて努力されていたのですね。

風香　自分で言うのもアレなんですけど私、モテてきたほうだし、顔もスタイルも悪くないし、彼の生活スタイルを尊重していたし、際立ってダメな部分って正直なかったと思うんです。なのに、なんで彼は結婚に前向きになってくれなかったのか意味がわからなくて……。

風香は別れた恋人との生活を思い出し、ため息をつく。

植草　いまの話を聞いて風香さんの結婚に対する考え方がちょっとだけ見えてきました。

風香　えっ、本当ですか？

植草　お話を聞くかぎり、風香さんと彼の関係って恋人というより家政婦さんみたい。素敵な女性というより「都合のいい女性」になってしまっています。いまどきの男性はそんな妻を求めていませんよ。

風香　え！　私はただ相手が喜んでくれたら、幸せな気持ちになってくれたら、うれしいなって思ってやっていただけなんですけど。

植草　風香さんがやったことって、相手のためのように見えて相手のためじゃないのよ。結局、全部、自分のためなんです。

風香　どういうことですか？　私、彼のために朝早く起きてお弁当までつくっていたんです！　献立だって工夫《くふう》して、彼の健康も考えてオーガニックな食材を使ったり。自慢じゃないですけど、男友だちにだって結構ほめられるんです。いいお嫁さんになるねって。

植草　そうやって身の回りの世話をかいがいしくするのも、おしゃれでおいしいご飯をつくるのも、全部「結婚したいと思われる私」のためでしょう？　風香さんは**相手が好きなんじゃなくて、そういう自分が好きなだけなのよ。**それって本当に彼のためと言えるのかしら。3年も一緒にいて、彼がそんな風香さんの打算に気づいていないと思いますか？

植草の指摘に、風香は黙り込む。

植草　ひょっとして風香さん、記念日に2人の思い出の詰まった手づくりアルバムをつくったり、サプライズで盛大に誕生日を祝ったりはしていない？

風香　えっ、どうしてわかるんですか⁉　私たちの記念日が20日なので、毎月20日に手紙を渡してたし、彼の誕生日には必ず手づくりのアルバムと2人の動画を編集してプレゼントしていました。あとは手づくりのケーキも。とくに手紙は男性が喜ぶっていうし、お金もかからないから一石二鳥かなって。

植草　心のこもったお手紙はうれしいわよ。でも、風香さんの場合は逆効果、ね。

風香　な、なんでですか⁉

植草　そのお手紙やサプライズプレゼントの背景に「結婚しなさい」という圧が透けて見えるから。話を聞いてるだけでも感じるんだから、実際に一緒に暮らしている彼は相当プレッシャーを感じていたでしょうね。風香さんはもういろいろやりすぎて「してあげた感」が漏れ出ちゃっています。**相手のため、と言いながら自己満足に走りすぎです。**

風香　「してあげた感」……。

植草　「サプライズを演出している私」「毎月手紙を書いている私」「思い出のアルバムやムービーをつくっている私」。受けとった彼は、そのとき、どんな顔をしていたか覚えていらっしゃる？　心から喜んでるように見えましたか？

風香は彼の反応を思い出してみる。そういえば、最初こそ喜んでくれたものの、最近は少しうんざりしたような雑なリアクションも増えていたかもしれない。関係がマンネリ化していることに風香は自分でも薄々気づいていた。だからこそ、風香はさらに必死になって彼に尽くしていたのだ。

風香　私が「彼のため」にやってきたことが重すぎて引かれてしまっていたんですね……。

植草　がっかりする必要はありません。風香さんの婚活はここからがスタート。大丈夫。家政婦女子から、尽くされ上手な「あざと女子」に生まれ変わりましょう！

風香　「あざと女子」？

植草　そう。じつは真衣さんも同じように「あざと女子」を目指したことで、いまの幸せをつかんだのです。風香さんがこれまで「相手のため」と思って一所懸命やってきたことはすべて忘れて、これからは本当の意味で自分の人生のために戦略的に動きましょう。

「あざと女子」

は、つねに自分ファーストです。そして、自然に相手が動いてくれるように仕向けるの。風香さんが望む環境を自分でつくりだしていけば、人生は大きく前進します。

風香　望む環境を自分でつくりだす……そんなことできるんですか？

植草　一つひとつクリアしていけばね。「あざと女子」になって、すべてを手に入れましょう。

Uekusa's Advice

「いい奥さんアピール」は彼が望んでいることですか？

仕事に情熱を燃やすあまり、結婚願望がまったく湧いてこないという女性が最近は増えた気がします。

女性の社会進出が進み、周りも同じようにバリバリ働いている人ばかりの環境だと、そう感じてしまうのも無理はありません。キャリアを築き、一所懸命働く女性はとても魅力的です。

しかし、風香さんに説明したとおり、日本の結婚中央値は27～28歳。最頻値にいたっては26歳です。

近年は30歳を超えてからの結婚でも、さも当たり前かのように認識されていますが、実際のデータで出ている年齢はずっと若いのです。カウンセリングなどでこの話をすると、みなさん本当に驚かれます。きっと心のどこかで「いまの時代、婚活は30歳を過ぎてからでも遅くはないだろう」と悠長に考えている人が多いからでしょう。

もちろん、30歳を超えてから結婚する人も大勢いますが、30代になって慌てて婚活を始めた人は、決まって「もっと20代のうちから結婚について真剣に考えておくべきだった」と口にします。

その現実を知っているからこそ、私は働く女性に結婚についてももっと真剣に考えてほしいと思っています。**結婚という道筋はキャリアを築く道筋と同じように地道な努力と逆算思考が重要です。**何歳までに結婚、何歳までに第1子誕生という目標を立て、そこから逆算して行動に移していきましょう。

もちろん、その人生計画表どおりにスムーズに結婚や妊娠ができるほど人生は甘くありません。出産に関しては授かりものですし、結婚だって自分のタイミングが訪れるまではなかなか前進しません。つねに予期しないことや予想を超えることが起きるのも人生ですが、それも含めて事前に目標を持ち、その目標に向かって逆算して行動することが大切なのです。

なかには「いま、結婚をしたらキャリアに支障が出るかもしれない」と不安に思う方もいるはずです。きっと無意識のうちに仕事と結婚、どちらかを選ばなければならないと思い込んでいるのでしょう。

そんなときに思い出してほしいのが「あざと女子マインド」です。**「あざと女子」はどちらかひとつなんて遠慮はしません。迷うことなく両方を手に入れる方法を考えます。**どうすれば両方を手に入れられるか、あらゆる選択肢を持って戦略を練るのが、「あざと女子」のやり方です。

さて、風香さんの場合は戦略を練るところまではいいものの、選択肢が極端に少ないという欠点があります。つきあっていた彼に対しても、とにかく尽くして、いい奥さんアピールをすれば結婚できると思い込んでいました。

風香さんのように「彼のために」と自分を犠牲にして尽くしてしまう女性の多いこと。気づけば恋人ではなくお母さんになっていた……というお悩みも昔からよく聞きますよね。

その関係性でもうまくいくならいいですが、最終的に「あなたも少しは手伝ってよ！」と爆発するのであれば、そうなる前に対策をとらなければなりません。

風香さんも、はじめは「いい奥さんアピール」のつもりで家事の一切合切を引き受けています。ところが、いくら頑張ってアピールしても、いっこうに結婚の意思を見せない彼。

彼とはご縁がなかったといえばそれまでなのですが、ここで考えるべきことがあります。**そもそも彼は尽くしてくれる人と結婚したいと思っていたのか？**　ということです。

積極的に家事をしたり、一所懸命ご飯をつくったり、彼の身の回りのサポートをしたり……しかし、彼が本当にそういったかいがいしさを風香さんに求めていたのかはわかりません。

ひょっとしたら彼は結婚相手にはバリバリ仕事をしてほしいと思うタイプだったかもしれません。あるいは、互いに自分のことは自分でするような自立した関係性を望んでいたかもしれない。どれだけ家事が完璧でも、毎日ご飯をつくって自分の帰りをじっと待っているような生活を重荷に感じていた可能性もあります。

だとしたら、かいがいしく尽くしてくれることに対して、風香さんに感謝の気持ちはあっても、結婚する決め手にはならないでしょう。逆効果だったのかもしれません。

もし風香さんが、「あざと女子」のテクニックを持っていたなら、まずは彼が本当にしてほしいこと、彼女に望むことをリサーチしてさりげなくそれを実行に移したでしょう。「あざと女子」は押しつけがましくない方法で相手を喜ばせる方法を心得ているのです。

風香さんも、あれこれ世話を焼く前に彼ときちんと話し合うことができれば、もしかしたら違う未来があったかもしれません。

「あざと女子」のルール

RULE 23
「あざと女子」は強いマインドで「仕事」も「結婚」も両方つかみとる。

RULE 24
「してあげた感」を出さずに相手を喜ばせるのが「あざと女子」。

Fuka's Story 03

男性は動けば動くほど「愛する」ようになる

風香　先生、私婚活をするうえで少し心配なことがあるんです。真衣先輩は交際3か月で婚約っていうスピード婚でしたよね。結婚相談所に入ったからには短期集中で目標達成しないといけないのはわかるんですけど、そんな短い期間で結婚相手を決めるなんて、本当に大丈夫なのかなって……。

植草　一般的に考えると、たしかに短い期間かもしれませんね。でも、**いろいろな男性と出会って結婚に向けた話し合いを重ねたうえでひとりの彼に決める、この期間は3か月もあれば十分ですよ。**だって、真衣さんは恋人探しではなく結婚するために入会されたんだから。結婚という二文字に突き進んでいる男女なんだから、トントン拍子に話が進むのは何も不思議ではありません。私は会員さんによくこう言っているんです。恋人たちに2度目の春はいらない。恋人同士で過ごす季節は一回で十分。結婚を考えているのなら季節が2巡目に入る前に一歩進みましょうって。

風香　2巡目に入る前に！

植草　**互いに本気で向き合っているなら相手のことは自然とわかりますし、過ごした時間の長さはあまり関係ありませんよ。**ちなみに、私は結婚前の同棲もすすめません。

風香　えっ、でも、お互いの生活や価値観を確認するためには必要では……。

植草　恋愛だと、どちらかの家に転がり込むようなかたちで同棲を始めるカップルがいますが、それはかえって結婚から遠のきます。すでに一緒に生活できているなら結婚する必要はないと考える男性もいるし、スピード感を重視するなら同棲は必要ありません。

風香　まさに少し前の私と彼……。

植草　風香さんは恋人に対して自分の思っていることを言うのが苦手だったりしませんか？

風香　どうしてわかるんですか？

植草　**相手に何かしてあげたいという人は自分の気持ちをあと回しにしがちだから。これからの婚活ではどんどん自分の願望を口に出しましょう。**

風香　私の願望を？

植草　ワガママと思わないで、まずは言葉に出しましょう。「自分は何を言っても許される存在」くらいの気持ちでいないと。私の友人で、とんでもなく「あざとい」女性がいて、ある日、彼女の家に行ったら、見知らぬ男性がキッチンでカレーをつくっていたのです。

風香　どういうことですか？

植草　リビングに行くと、彼女はひとりで音楽を聴いていたので、「どなたかキッチンでカレーをつくってない？」と聞いたら、「私がカレーが食べたい、と言ったら、友だちがつくってくれるって言うから、お願いしたの」とニコニコして言うのよ。

風香　恋人ってことですか？

植草　全然。ただの男友だちなの。男性はとてもうれしそうにカレーをつくっていました。彼女を喜ばせたい一心でね。

風香　すごい……。

植草　それから数年後、彼女は全然違う男性と結婚したのだけど。結婚後もすごかったんです。毎日必ず旦那さんに髪を洗ってもらって、ドライヤーで髪を乾かしてもらっていましたから。

風香　まさに相手を動かす女性ですね。なんでそんなことができるんだろう？

植草　それは**彼女が彼女のために動くよう仕向けているからでしょうね。**ここでのポイントは、男性がいやいややっているんじゃないってこと。喜んで身をささげているんです。風香さんも、ぜひこういう「あざと女子」を目指してほしいですね。

風香　私、料理をつくってと、一度、恋人に頼んだことがあるんです。そうしたら、すっごく面倒くさそうな顔されて。それ以来、何かを頼むっていうのが苦手になりました。

植草　なんでもいいから頼めばいいってものでもないの。**男性を動かすためには、まずは簡単**

なハードルを越えてもらうんです。たとえば料理をつくってほしいのだったら、「○○つくったから、味見係して♡」「お願い、目が痛くなっちゃうから、玉ねぎ切ってもらってもいい？」とかね。いきなり料理をつくってと言われると面倒くさがる男性は多いけど、まずは彼ができそうな簡単なことから頼んで、そうやって少しずつ「彼女のために動く自分」に慣らしていくの。名づけてスモールステップ作戦です。

風香　なるほど〜。まずは味見から始めるんですね。

植草　**お願いするときは自分の感情とセットにしてみましょう。**「○○してくれたら助かるなぁ」「これやってくれたら、すごくうれしいな」と言うように。偉そうにお願いするのではなくて、かわいく言うのもポイントです。

風香　言い方も大事なんですね。

植草　もちろんです。彼女の言いなりではなく彼女のお願いをかなえてくれる素敵な男性、という部分を強調するの。そして、**やってもらったことに対しては、ここぞとばかりに笑顔で「ありがとう」を言うこと。**味見をしてもらったら、「○○くんが味見してくれたから、おいしくできたよ。ありがとう♡」。何かものをもらったら、「ずっと大切にするね。ありがとう♡」。ありがとうのパワーってすごいんですよ。私はよく相談に来る方に異性との関係を深める魔法の言葉だと伝えています。

風香　なんだか早く試してみたいです！

植草　これからたくさん実践できますよ。それより、風香さんは普段から人にありがとうって言っていますか？

風香　うーん、そう言われてみると、彼とつきあってるときも感謝することってなかったかもしれません。ありがとうもあんまり言ってなかったかも。

植草　だったら、さっそく今日から意識してみましょう。ご家族にも友だちにも、いつもありがとうって感謝を伝えてください。手紙やプレゼントもいいけれど、言葉で伝えるほうが威力がありますよ。

風香　でも、いくら感謝しても、あれもこれもって頼みごとをしてたら、相手から面倒くさい女だなーって嫌われませんか？

植草　逆よ、逆。**男性に動いてもらえばもらうほど女性は愛されるのよ。**人間の心理として、相手のために行動すればするほどその相手への好意が深まると言われているんです。これだけ相手のために行動するってことは、それだけ愛情があるんだと自分の行動の矛盾を自分で納得させようと意味づけするの。だから、**あざとくて愛される女性は例外なくおねだり上手。**風香さんもお見合いやデートではおねだりや頼みごとを意識してみましょう。

風香　わかりました！

植草　ところで、誕生日やクリスマスに、風香さんは男性から素敵なプレゼントをいただいた経験はありますか？

風香　プレゼント、ですか。そういえば私、去年の誕生日当日に彼から何もプレゼントをもらえなかったんです！　忙しくて買いにいく時間がなかったとか言われて、やっともらえたのが2か月後。だけど、もらった財布が全然好みじゃなくて、なんで遅れたうえに、こんな私の趣味じゃないものをくれるんだろう？　って悲しかった。本人には言えなかったんですけど。

植草「誕生日にお目当てのものをもらえなかった！」と、あとから怒る女性がたまにいらっしゃいますが、不満に思うぐらいなら前もって欲しいものを伝えればいいんです。でも、そうやってアドバイスすると、「言わなくても、わかってほしいんです」と言われます。

風香　私のことが本当に好きなら、好みとか欲しいものの傾向とか、ちゃんと考えてくれるんじゃないかと期待しちゃうんですよね……。

植草　エスパーじゃないんだから、**言葉に出さないとわからないですよ。**あとで不機嫌になるぐらいなら、「誕生日は○○が欲しいな♡」ってかわいく教えてあげるほうが彼の頭も悩ませないし、自分もうれしいし、一石二鳥。

風香　でも、ずうずうしいなって思われないですか？

植草　そんなときこそ、さっきのお願いごとと同じスモールステップ作戦が有効なんです。たとえば、彼が何気なく買ってきてくれたコンビニのアイスや、お土産で持ってきたデザートとか、本当に数百円のものでも毎回とびきりの笑顔で喜ぶの。**日ごろからちょっとしたことに感激している姿を見ていると、男性は彼女をもっともっと喜ばせたいと思うようになります。**「こんなものでも喜んでくれるんだから、もっといいものをあげたら、どんな表情になるんだろう?」と彼も期待するんです。それを繰り返していけば、本当に欲しいものをプレゼントしてくれるようになります。変に遠慮しなくていいのよ。欲しいものは、はっきり「これが欲しい♡」と伝えちゃいましょう。**自分の欲望を素直に口に出すのが「あざと女子」になるための第一歩です。**

風香　先生、じゃあ……いまの私の願望を言ってみてもいいですか?

植草　どうぞ、言ってみてください。

風香　私、小さいころからなんとなく、27歳の誕生日までに結婚するって決めてたんです!

植草　というと、4か月後くらい?

風香　はい。だから、次の彼には誕生日にプロポーズしてほしいんです!

植草　いいじゃない。**婚活ではイベントの設定はとても大事なことですよ。**

風香　27歳の誕生日をゴールに設定しても大丈夫でしょうか?

植草　やってみましょう。その代わり、すごい努力が必要ですよ。

Uekusa's Advice

頼みごとをすればするほど「ありがとう」を言う回数が増えます

風香さんのようにしっかり者の女性は、人に何かを頼むのが苦手です。たいていのことは自分でできてしまうので、人に頼る習慣がありません。**私はそういう女性には繰り返し「もっと男性に甘えましょう！」とお伝えしています。**

「出会ったばかりの人に、そんなことをして大丈夫でしょうか？　ワガママと思われて嫌われませんか？」と心配される方もいますが、大丈夫です。むしろ相手にたくさん「ありがとう」を言うためにも、どんどん頼ってほしいのです。

「ありがとう」は相手と心の距離を縮める魔法の言葉です。気になる異性に真正面から笑顔で「ありがとう」と言われると、また喜ばせたいという気持ちが湧いてきます。その心理を巧みに使うのが「あざと女子」です。

この章で紹介したカレーの話も実話なのですが、そのあとの展開もまた見事でした。

できあがったカレーを食べた彼女は「いままで食べたカレーのなかでいちばんおいしい！」

「ありがとう！」「またつくってほしいな」を連発。それを言われたら、つくったほうも、うれしくないわけがありません。次はどう喜ばせようかと、すぐさま考え始めます。異性をみずから進んで動くように仕向けるには「ありがとう」の言葉が欠かせないのです。

とはいえ、風香さんのように「何かを頼んだらいやな顔をされた」「面倒くさいと言われた」などの苦い経験をすると頼みごとをするのが億劫《おっくう》になる気持ちもわかります。

そんなときは風香さんにレクチャーしたテクニックをフル活用してみてください。

ポイントは小さな頼みごとからスタートして段階的にお願いすること。スモールステップで目標を設定していきます。そして、やってもらったあとは少しオーバーかも？　というぐらいの勢いで感謝を伝えます。相手が喜ぶような言葉を合間に挟むのも大事なポイントです。

たとえば、「こんなに頼りになるのって◯◯くんだけだよ、なんだかヒーローみたい」と相手の庇護欲《ひごよく》をくすぐってみたり、「いままで出会った人のなかで、いちばん私の気持ちをわかってくれるね」と特別扱いしてみたり。相手のテンションが上がる言葉選びを意識してみましょう。

これを繰り返しながら徐々に頼む量を増やしていくと、そのうち相手のほうから「これ、やってやろうか？」と提案してくれるはずです。

人に頼ることはワガママではなく、相手に好意を伝える手段のひとつでもあります。

たとえば、まったく親しくない人に「困っているんだけど、助けてもらえない？」と言うでしょうか。よっぽどの緊急事態でもないかぎり、親しくない人に頼みごとはしませんよね。「これを手伝ってもらっていい？」「困っているんだけど、助けてもらえる？」と素直に伝えられるのは相手のことを信頼している証拠なのです。

頼られるとうれしい、という男性心理を「あざと女子」はうまく使っているのです。

ひとりで抱え込んでいるかぎり、いつまでも相手との距離は縮まりません。上手に人に頼ることも「あざと女子」のテクニックです。

「あざと女子」のルール

RULE 25

「ありがとう」は彼との関係を深める魔法の言葉。

RULE 26

最初は小さなお願いからスタートすることで人を動かすことができるようになる。

Fuka's Story 04
飲み会に出かける彼を笑顔で送り出すコツ

初めてのカウンセリングから2か月。

真衣が言っていたとおり、20代というアドバンテージは強かった。風香のもとにはお見合いの申し込みが数多く舞い込み、選ぶのが大変なほどだった。

植草の助言を受け、休む暇なくお見合いを繰り返した結果、風香は「道谷《みちたに》」という33歳の会社員男性とマッチング。

穏やかな性格で話もよく合い、見た目も風香の好みの爽やか系。年収は平均より高く、さらに親が資産家であることも高ポイントだった。

経済的な話もしっかりしてくれる姿に好意を持った風香は、道谷と真剣交際目前まで距離を縮めていく。

風香がカウンセリングルームの扉を開く。

風香　失礼します。先生、こんにちは。

植草　こんにちは、風香さん。今日は素敵な色のブラウスですね。爽やかで、お顔映りもとてもいいわ。

風香　うれしい。ありがとうございます。今度、このコーディネートで道谷さんとお会いしようと思ってるんですけど、大丈夫ですか？

植草　とっても素敵ですよ。彼も喜ぶんじゃないかしら？

風香はうれしそうな様子でソファに腰かけた。

植草　それで、道谷さんとはどうですか？　順調そうに見えるけれど。

風香　いい感じです！　再来月の誕生日にはデートすることも約束したし、おいしいご飯に連れていってほしい♡　と、ちゃっかり伝えちゃいました。

植草　素晴らしい。ちゃんと実践できていますね。

風香　言うまではドキドキしたんですが、実際にやってみると、なんてことなかったです。彼も笑顔で「わかった。楽しみにしておいて」って言ってくれました。私、いままで考えすぎていたのかもしれません。

植草　自分で思ってるほど難しくなかったでしょう？　道谷さんがちゃんと受け止めてくれる人でよかったですね。

風香　でもですね、ちょっと今日は先生にご相談したいことがありまして。

風香が神妙な面持ちになる。

植草　相談？　何かトラブルですか？

風香　トラブルではないんですけど。道谷さんって社交的だから交友関係が広くて、仕事も忙しいし、なかなか予定が合わないんです。平日は仕事関係で飲みにいくことも多いし、休日も友だちとのキャンプやフットサルの予定を入れちゃったり……。

植草　でも、別にデートをすっぽかされてるわけではないでしょ？

風香　そうなんですけど。忙しすぎてなかなか連絡が返ってこないことがあって、私、なんだか寂しくなっちゃうんです。もっと私との時間をつくってほしい、いま、どこで、何をしているのかとかマメに連絡してほしいんです。私は彼から連絡が来たら即レスしてるのに何時間も返信が来なかったり、電話にも出てくれなかったり、イライラしてしまって。

植草　お仕事のつきあいもあるでしょうし、風香さんと仮交際中とはいえ、しかたがないんじゃないかしら。たとえば、結婚後も同じように独身気分で過ごしていたら、それは話し合う必要があると思うけれど……。でも、どうしてもいやだというなら、その気持ちを彼に素直に伝えてもいいかもしれませんね。

風香　ワガママって思われないですか？

植草　そこは「あざとテクニック」を使いましょう。「今週は○○を一緒に食べたいから、この日は空けておいてほしいな」とか、「週末は映画に行こうね♡」って先に約束する。**彼の先の予定を聞いて、自分のスケジュールに合うところを、どんどん押さえてしまうの。**それから、彼から連絡がなくてイライラしてしまうのは、風香さん自身の余暇の過ごし方にも関係があるのではないでしょうか？　風香さんは普段、ひとりの時間をどう過ごされていますか？

風香　家でSNSを見たり、映画を見たりしてゆっくり過ごしています。

植草　時間がありすぎると、少し連絡がないだけでもモヤモヤ不安になる場合があります。相手のことを気にするより自分の時間をもっと充実させましょう。恋愛以外に趣味がない女性は魅力的に見えませんよ。ただでさえ忙しいときに風香さんがしつこく連絡してきたら相手の負担になってしまいます。出かける予定があるというなら、「行ってらっしゃい。楽しんできてね♡」、お仕事でバタバタしているようだったら、「落ち着いたら連絡してくれるとうれしいな」。これでOK。**そういう大人の余裕って男性にはすごく魅力的に映りますよ。**間違っても疑心暗鬼になって、いま、どこで、誰と、何をしているの？　なんて問いつめたりしないことです。

風香　……たしかに、自分が暇だからって、忙しい彼にイライラするなんて、自分勝手でした。

植草　**モヤモヤと不要なことを考えないためにも、暇な時間ができたときは、自分を磨く時間に変えちゃいましょう。**運動でも、勉強でも、美容でも、好きなことをしてみて。彼もあなたがキラキラ楽しそうに過ごしているほうがうれしいはずです。

風香　わかりました。ずっとサボってた英語の勉強でもまた始めようかな。

すっかり悩みが消えた様子の風香。明るくなった表情を見て、植草もホッとする。

風香　暇な時間は自分磨きをして、今年の誕生日は絶対、特別な一日にします！

植草　素敵。でも、くれぐれも焦らないでくださいね。

風香　もちろんわかってます。でも、先生、私の直感って結構当たるんです。ふふふ、もし何かあったらすぐ報告に来ますね！

Uekusa's Advice

感情的になればなるほど「幸せ」から遠ざかります

素敵な男性と無事マッチングした風香さん。前途洋々かと思いきや、ちょっとした不満を抱きます。それが彼の友だちの多さと連絡頻度です。

交友関係が広く、趣味が多い彼に対し、風香さんは「もっと私との時間を大切にしてほしい」「マメに連絡してほしい」と思っています。しかし、交際したばかりということもあって、彼に直接伝えることができません。

自分の気持ちをストレートに伝えるのも「あざと女子」のテクニックですが、今回はちょっと特別なケース。ひとりで悩んでいるときは感情的になりやすいので、軽く伝えるつもりのはずが、「私のことはあと回し?」なんてムダにヒートアップしてしまう可能性も。

男女問わず、恋愛の優先度が何より高い人と、それと同じぐらい仕事や趣味を大切にしている人がいます。**人生のプライオリティは人によってさまざまなので、自分のものさしで測らないことが大切。**「私のことが大切だったら、すぐに返事を返してくれるはず!」というのは視野が狭い人の考え方です。悩んだときは、いったん誰かに話してクールダウンしてみてくださいね。

では、相手に何かを提案したいとき、「あざと女子」ならどうするでしょうか。

まずは自分の気持ちを段階的に伝えます。「最近、なかなか連絡してくれないから、ちょっと寂しいな」と素直に言えば相手も責められているとは感じません。そこから「あなたと一緒に行きたいお店があるんだよね」「今度の週末一緒に行こう?」と誘ってみるなど多忙な相手のスケジュールに自分をねじ込んでしまうのです。

いずれにせよ、会っていない時間のことまで気にして相手に干渉しすぎるのは重たいだけ。男性からいやがられる可能性は非常に高いです。**大人の女性なら男女問わず誰に対しても一定の距離感を保ち、相手の時間を尊重しなくてはいけません。**

また、自分自身の時間を最大限充実させているかも見つめ直したいところです。風香さんのようにひとりでいてもやることがなくて、つい彼の行動が気になってしまう、暇になるとすぐ彼にＬＩＮＥや電話で連絡してしまう、という人は要注意。

あなたのその何気ない「かまってちゃん」行動が彼の負担になっているかもしれません。無趣味で自分の時間を楽しめない女性は、男性から見てもなんだか味気なく、「つまらない女性」だなと思われてしまうかもしれないのです。

会話の幅を広げて、つねに新鮮な魅力を相手に感じさせるためにも新たなことに挑戦したり、本を読んだり、運動したり、美容を研究したり、自分らしい時間の過ごし方を見つけてみてください。

「あざと女子」は自分を充実させるための努力を惜しみません。他者に依存せず、自分ひとりでもご機嫌に過ごしている女性というのは男性に安心感を与えます。

「あざとい」を身につけたいなら、ひとりでも楽しめるような趣味や時間も、ぜひ大切にしてください。

「あざと女子」のルール

RULE 27
人生のプライオリティは人それぞれ。自分ルールで干渉しない。

RULE 28
「あざと女子」はひとりの時間も楽しめる。

Fuka's Story 05
誕生日にプロポーズされなかったら、もう終わり?

風香の27歳の誕生日まで残り2か月を切った。

道谷とは真剣交際に突入し、交際は順調そのもの。……のはずだったが、カウンセリングルームにやってきた風香の表情はこれまで見たことがないほど暗かった。

植草　どうしたの、風香さん。何があったの?

風香　はい……。先生、私、やらかしてしまったかもしれません……。

植草　くわしく話を聞かせてください。

風香　この数週間、道谷さんとは本当にいい感じでした。自分の時間を大事にしたら、道谷さんからの連絡がちょっと遅くても、前みたいにイライラしたり不安になったりしなくなったし、穏やかな気持ちで彼に接することができるようになりました。

植草　それはよかった。前回のカウンセリングの内容をしっかり実行してくれたんですね。

風香　あんまりいい感じだったんで、私、テンション上がっちゃって、デート中に彼に言っちゃったんです。「私、27歳になるまでに、プロポーズされたいんですー」って。そしたら道谷さん、その後のデートからあからさまにテンション下がっていて。

植草　いきなりそんなことを言われて、びっくりしたんじゃないかしら。

風香　先生、私の目標は27歳の誕生日にプロポーズされることですから。あと2か月もありません。いまの時点で道谷さんにその気がないのだとしたら目標達成は絶対無理じゃないですか。もしかして、何度か会ううちに向こうの気持ちが変わっちゃったのかも。私、何か道谷さんに嫌われるようなひどいことしちゃってたのかもって。そう思ったら急に涙が止まらなくなっちゃって。

植草　それを見て道谷さんはなんて？

風香　私が泣き出したので驚いていました。「どうしたの？」って何度も聞かれたんですけど。ダメですよね。「あざと女子」だったらここで素直に気持ちを伝えないといけないのに。わかってはいたんですけど、結局、気まずいまま解散して、いまにいたります。

植草　風香さん、暴走しすぎかも。**勝手に期待して、勝手に撃沈されてるじゃない。**

風香　はい……でも、自分の気持ちを止められなかったんです。

植草　気持ちはわかるけど、相手にもタイミングというものがあるでしょう。誕生日にプロポーズされるという目標設定は素晴らしいけど、それだけに執着していたら大事なチャンスを逃しますよ。

風香 でも、「あざと女子」なら自分の願望をかなえられるはずです。彼は私と将来をともにする気はないのかもしれません……。

植草 そもそも道谷さんと結婚後の生活について具体的な話し合いはできているんですか？

風香 まぁ、それなりには……。

植草 そこはしっかり話し合わないと。恋愛ごっこしている場合じゃないんですよ。**相手の気持ちを確かめようとするんじゃなくて、自分の気持ちを先に伝える。**「結婚生活について具体的に聞きたいんですけど、どう思ってますか？」って。そこまできちんと言いましょう。風香さんと彼は相性はいいと思うけど、結婚に進むための大事なコミュニケーションがまだ足りていないように思えます。ただデートしているだけで、結婚後の生活が彼の頭のなかにイメージできていなければプロポーズには進めませんよ。

風香 はい……。

植草 「誕生日にプロポーズ」というのは、あくまで風香さんが勝手に思い描いている計画だし、正直なことを言うと、道谷さんからそんな話は私に届いていません。まだ真剣交際に入ったばかりですから、そこまで気持ちが追いついていない可能性もあります。**とにかく、すぐに**

結婚したいなら、あなたから本音で話さなくちゃ。「じつは27歳までに結婚することが子どものときからの夢だった」とはっきり言ってみたらどうかしら？　あなたが何もしなくても彼が理想のプロポーズを用意して風香さんの妄想を現実化してくれるなんて期待するのは甘すぎますよ。

風香　でも〜。

植草　欲しいものを与えられなかったとき、それを言葉にして伝えることもせずに**「わかってくれると思った」って泣くのは最悪です。**急にひとっ飛びしようなんて考えでは、うまくいくものも失敗します。

風香　うう、わかりました。でも、よかった。まだ全部終わったわけじゃないんですね。

植草　彼には謝りましょう。「このあいだは突然泣いちゃってごめんなさい」って。くれぐれも「結婚する気がなさそうだったから」なんて言っちゃダメよ。私からもこのあとに、あらためて風香さんとの成婚に進む気持ちがあるのかどうか、道谷さんの現在の気持ちを確認しておきますから。

風香　先生、ありがとうございます！

Uekusa's Advice

あなたの「普通」が、相手の「普通」とはかぎりません

相手が自分の思いどおりにならなくてイライラをぶつけてしまった。

そんな経験はありませんか？

今回の風香さんは、まさにその状態。暴走していると自分でもわかっているのに、感情をコントロールすることができなくなっています。

では、ここで暴走してしまった風香さんの感情をひもといていきましょう。

そもそも風香さんには「27歳の誕生日までに結婚したい」というひそかな目標がありました。おつきあいしている道谷さんとはいい感じ。このままいけば誕生日にプロポーズされるはず！……と決めつけています。

自分の頭のなかだけで妄想が膨らんで、相手はそれを実現してくれるはずだと勝手に思い込んでいるのです。これが暴走の原因。

婚活に苦戦する会員さんにもこのタイプの方は多いです。「相手の方が◯◯してくれなかったんですけど、どうしてですか？」と真剣に相談されることがよくあります。そこで「どうし

て相手が○○してくれると思ったんですか？」と私が尋ねると、「だって、普通ならそうしますよね！」と言うのです。

繰り返しになりますが、他者とのコミュニケーションは言葉なしには絶対にとれません。自分にとっての「普通」が世間の当たり前だと思うのはやめましょう。風香さんも「誕生日にプロポーズされるのが当然」と自分のなかの普通を相手に押しつけているのが今回のトラブルの原因になっています。

「あざと女子」は勝手に人の気持ちを決めつけることが危険ということを知っています。思いどおりにいかないことが前提となって動いているので、自分の思惑と違っても焦ることはありません。すぐに別のパターンへと軌道修正できるのです。

ですが、風香さんの考えが完全にひとりよがりかというと、そんなこともありません。誕生日やクリスマス、バレンタインデーなどをゴールに設定して結婚相談所に入会される方はたくさんいらっしゃいます。

そういう方々はプロポーズする日、される日を逆算して半年前くらいに慌てて入会されることが多いです。とくにクリスマスはプロポーズの絶好のタイミングなので、マリーミーも毎年大忙しです。

ちょっとしたタイミングのズレや、勢いの不足や、もはや運としかいえないことまで、婚活

は些細な選択の積み重ねで成婚が決まります。
婚活では季節ごとのイベントも重要だということを、覚えておいてくださいね。

「あざと女子」のルール

RULE 29

「あざと女子」はスモールステップ。
一歩一歩着実に階段を上り、欲しいものをゲットする。

Fuka's Story 06
「あざと女子」はブランディングの達人？

風香　ところで、先生、「具体的な結婚の話」って、いったいどんな話をしたらいいんでしょうか。私、過去に同棲していた彼とも将来についての話し合いができないまま時間だけがふわふわ過ぎちゃったから、真剣な話の切り出し方ってよくわからなくて……。

植草　お互いのご家族の話はされているんでしょう？　風香さんはどう感じたの？

風香　すごく素敵なご両親とごきょうだいがいて理想的な関係でした。

植草　結婚観というのはその人が育ってきた環境によるものが大きいので、**彼がこれまで家族とどんな関係性を築いてきたのか、どんなご両親のもとで育ったのかは非常に大切です。**そうすることで結婚生活のイメージも膨らんでくるからです。ただ、ご両親の問題は決していい話ばかりじゃないから気をつけて。

風香　えっ、どういうことですか？

植草　これは会員さんではなくて私の知人女性の話なんだけれど、その女性が交際していた男性とそろそろ結婚しようかという話になったんです。すると突然、彼女のもとに手紙が送られてきたのよ。差出人は彼のお母さま。

風香　なんて書いてあったんですか？

植草　「うちの息子と別れてください」「私はずっと交際に反対でした」って。便箋数枚にわたって書かれていたのよ。

風香　えええ、本当ですか？

植草　本当です。でも、当の彼は自分の母親がそんな手紙を送っていたなんていっさい知らなかったの。完全に彼のお母さまの独断ということ。

風香　それで2人はどうなったんですか……？

植草　彼女はその手紙を見なかったことにして結婚したわ。恐ろしいのは、両家顔合わせも結婚式も、彼のお母さまはニコニコ笑顔で出席していたことよ。

風香　ひぇえ。そんな漫画みたいなことが実際にあるんですね。

植草　こういう例は山ほどあります。結婚後に義実家との関係に悩んでいる人はたくさんいるでしょう。**相手の家族関係を知らないまま結婚を進めるのはトラブルのもと。**事前の情報収集はとっても大事。だからマリーミーにいらっしゃる会員さんには最初に聞くんです。ご家族との関係性はどうですかって。風香さんにも最初に聞きましたよね？

風香　はい。でも、もし家族関係があまりよくないと言われたら、先生はどうするんですか？

植草　仲よくはないけど、普通に会話ができるくらいなら問題ありません。なかには本人のやることをすべて否定する、いわゆる「毒親」みたいな人もいますから。そういう場合は事前にしっかり親子で話し合う必要があるんです。せっかく誰かとマッチングしても「両親がダメと言うからお断りします」となると婚活が成り立たないでしょう。**自分の意見をちゃんと通す覚悟がないとマリーミーで婚活はできない**って、はっきりお伝えしています。

風香　実際にそういう人がいるんですか？

植草　いらっしゃいました。その人は毒親の親御さんとは縁を切ってからマリーミーに入会されました。

風香　それはすごい覚悟ですね。

植草　親との縁を切って、仕事も辞めて、遠方から東京に引っ越したんです。そうでもしないとその人は結婚できなかったと思います。でも、縁を切ったおかげで婚活もうまくいって素敵なお相手と成婚退会していかれましたよ。**いつかは自立しないとならないですからね。自分の幸せは自分で決めないと。**

風香　家庭環境って大事ですよね……やっぱり育ちは似てるほうが結婚もうまくいくんでしょうか？　道谷さんは実家が資産家みたいだし、いわゆる平凡なうちの実家とは格差が出ちゃうかもしれません。それに、うちって、どちらかというと家族仲も悪いし。

植草　育ちは似ているかどうかより理解できるかが大事。相手の家の文化を受け入れられればそれでいいんです。そして、お話を聞くかぎり、風香さんのお家はごく一般的な仲のよさだと思ったのですが……。道谷さんにはどんなふうにお伝えしたんですか？

風香　えっと、父、母、兄、妹の5人家族で、両親は普通のサラリーマンと専業主婦。父とはそれなりに話すんですけど、私、母親が苦手って言いました。つねに悲観的だし、すぐ文句言って口うるさいし、気が合わなくて、ここ数年は連絡もとってないんですよね。きょうだいともそこまで仲よくなくて普段、連絡も取り合わないし、どこで何してるんだかって感じです。ドライなんですよね、うちの家族。

植草　ねぇ、風香さん。いま言ったこと、彼にもそのまま話したんですか？

風香　えっ、どうしてですか？　普通に家族のことを話しただけですよ。

植草　**「あざと女子」が自分のことを話すときは絶対にネガティブなことは言わないんです。**

風香　私、いま、ネガティブなこと言ってましたか？

植草　少なくともプラスになるような話はしていませんでした。

風香　全然、意識してませんでした。

植草　家族だけじゃなく自分のこと、友だちのこと、身近なことをテーマに話すとき、知らず知らずのうちに下げて話してる人って結構いるんです。ご自分では謙遜したつもりなのでしょうが、お相手が鵜呑《うの》みにしていい印象を持たないこともあります。

風香　言われてみれば、親しい人に話すときほどマイナスなことも言っちゃってるかも。

植草　友人同士の会話ならいいけど、相手が結婚したい相手の場合はそれは絶対避けるべき。さっきの風香さんの話を聞くと、家族とはあまり仲がよくないように聞こえました。おまけに家族がドライと聞くと、「この人の家族にはあまり歓迎されないかもしれない、大丈夫かな」って不安に思われるかもしれません。それって損でしょ？

風香　た、たしかに。

植草　**「あざと女子」は自分も周りも絶対に下げない。家族のことをよく話せば話すほど自分のブランディングにもつながるとわかっているんです。**たとえば、小さいころはこういう習いごとをさせてもらったとか、勉強を教えてもらったとか、たくさん旅行に連れていってもらえたとか。大事に育てられてきた人間なんだということが伝わると相手は安心するし、男性からも大切に扱われます。風香さんもお相手の男性が大事に育てられてきたと知ったら安心するでしょう？

風香　そうですね。ご両親が仲よくて素敵な方だったら、いい家庭が築けそうだなってイメージにもつながるし、ご家族が大事にしていたように相手を大切にしたいって自然と思う気がします。

植草　そうでしょう。それぐらい家族の印象って結婚には重要なことなんです。もし今後、ご両親にご挨拶するという段階になったら、親御さんからは「ちゃん付け」で呼んでもらうのがベストです。

風香　ちゃん付け？

植草　お母さまやお父さまが風香ちゃんと呼んでいれば大事にされている感じを演出できます。反対に、呼び捨てや「お前」はNG。たまにそういうご両親がいらっしゃいますが、あまりよくない印象を与えることが多いので、絶対に避けてほしいポイントです。

風香　勉強になります。父も母も私のことを「風ちゃん」と呼んでるので大丈夫そう。

植草　ご実家に家族写真をたくさん飾っておくのも好印象につながりますよ。**写真があるとどういう家庭か一目瞭然でしょ。できるだけ笑顔いっぱいの写真を飾っておくことをおすすめします。**さらに、風香さんの子ども時代からのアルバムもすぐ出せるよう準備しておいて。この家族の仲間に入りたいと自然に思ってもらうのが「あざとテクニック」です。

風香　わかりました。もし彼が私の実家に来ることになったら、しっかり準備しておきます！

植草　反対に彼のご両親にご挨拶に行くときも大事にされてきたアピールは有効です。あとは手土産を忘れずに持っていくこと。

風香　手土産、ですか？

植草　**贈りものの効果って絶大なのよ。**たとえば、どこかに出かけたら、そのお土産を贈るだけでいいの。「いつもお世話になっています」のひと言を添えてね。

風香　それで印象がよくなるなら、やらない手はないですね！

植草　彼のご家族だからって、遠慮して壁をつくっていたら、いつまでたっても距離は広がったまま。相手から踏み込んでもらうのを待つんじゃなくて、自分から距離を縮めることが大切です。

Uekusa's Advice

令和になっても結婚で生じる「家族問題」は変わりません

結婚する際、お互いの家族が引き金となって話がこじれるというのは、いまも昔も変わりません。

時代が変わったとはいえ、家庭の数だけ考え方も違います。また、住んでいる地域が家庭環境に大きく影響することもあります。

風香さんに話した「お母さまからの手紙」は実話です。ほかにも「その学歴だと、うちの息子にはふさわしくない」「ご両親が自営業なのは不安」「わが家のお金が目当てなのでは？」など強烈な言葉をかけられたというエピソードは、じつはそれほど珍しくありません。

そして、家族の問題は相手方だけでなくご自身も同様です。

「自分の家庭では普通だと思っていた習慣が婚約者からすると非常識に見えていた」という話もよく聞きます。

風香さんも自分の家族について話すのが苦手なタイプ。実の母とは気が合わない、きょうだいとはあまり連絡をとらないなど、本人は素直に話していて、それは家族を信頼しているからこそという背景もあるのですが、聞いている人は「家族仲が悪い」という印象を受けます。

その印象が拭えないと、実際に会ったときに、必要以上に距離ができてしまうこともあるのです。

「あざと女子」は家族の話が自分の印象を左右することを知っているので必要以上に下げて話したりはしません。むしろネガティブな話題は避けて、できるだけ明るい話題を伝えるよう心がけています。

結婚後に暗い家庭を望む人はいないですよね。「この人となら明るくて幸せな家庭を築けそうだ」と思ってもらうためには、どんな話題を用意しておけばいいか、あらかじめトークテーマを準備しておくのもいいかもしれません。

「あざと女子」は、いつ家族の話題が出てきても対応できるように家族との思い出写真を用意しています。「どんなご家族なの？」と聞かれたとき、サッとスマホを見せて紹介できたら、「あざと女子」上級者です。

幼少期にこんなところに連れていってもらった、こんな言葉をもらえたことが忘れられない、きょうだいとはケンカもしたけれど、いまは信頼し合える関係です。……そんなご家族の温かい鉄板エピソードを準備しておくと男性からは好印象です。嘘さえつかなければ多少「盛って」も大丈夫。
もちろん、人にはさまざまな事情があります。自分の家庭環境を口にしたくない人もいるはずです。そんなときは嘘をついてまで話す必要はありません。
そんなときは過去の話より「自分はこういう家庭を望んでいる」と**ポジティブに未来の家庭像を話してみましょう。**

「あざと女子」のルール

RULE 30
自分や家族のネガティブな話はタブー。ブランディングを大切に。

RULE 31
好きな男の前では「ちゃん付け」で家族に呼んでもらう。

RULE 32
義実家には遠慮なく贈りもの作戦を実行する。

Fuka's Story 07
この結婚、やめたほうがいいですか？

いよいよ風香の27歳の誕生日が目前に迫ったある日。カウンセリングルームに入ってきた風香は、またしても暗い表情に戻っていた。

植草　お仕事の帰りですね、お疲れさまでした。風香さん、顔色があまりよろしくないけど、何かありましたか？

風香　すみません……。

風香が真剣な顔をして植草を見る。

風香　先生に前回言われたとおり、私、このあいだのデートで、なぜ泣いたのか、しっかり自分の気持ちを伝えました。植草先生が道谷さんに連絡してくださったおかげで、道谷さんも「あのときは何も言えなかったけど、僕も風香さんとの未来を真剣に考えています」って、はっきり言ってくれたんです。その夜、2人で結婚について話し合いました。結婚後の生活とか、どんな家庭をつくっていきたいのかとか……でも、あらためて深い話をしてみたら、お互いの結婚観が全然違うってことに気づいてしまったんです。

植草　具体的に、どんなふうに違いましたか？

風香　私は結婚したら、すぐ新しい家に引っ越して、2人で家具も買いにいって全部新調したり、そういうのを楽しみにしてたんです。思い切って都内のタワマン購入、とかにも憧れるなぁって。でも、彼は「いま住んでる家が気に入ってるし、2人でも十分住める広さがあるから、当分引っ越す気はないかな」って。

植草　なるほど。

風香　プロポーズも、私はブランドの指輪の箱をパカッて開けてもらうっていう定番のシチュエーションがずっと憧れだったんですけど、彼はお金のムダだし、結婚指輪だけで十分じゃない？って。そこ、ケチる必要あります？

植草　なるほどね。

風香　まだあります。私は小さいころから結婚式は絶対に海外で挙げたいと思ってたんです。ハワイとかグアムで。でも、彼は恥ずかしいから国内で少人数挙式でいいって言うんです。

植草　そういうお考えだったんですね。

風香　何よりいちばん納得できなかったのは、彼のご両親と同居する可能性が出てきたということです。

植草はギョッとする。道谷の結婚条件には、たしかに「同居なし」と記載があったはずだ。

植草　それは何かの間違いじゃないかしら。ちゃんと確認されましたか？

風香　道谷さん、お兄さんとお姉さんがひとりずついるんですけど、もともとはお兄さんが結婚したらご両親と同居する予定だったのが、仕事で海外転勤になってしまったらしいんです。日本にいつ戻るかもわからなくて、もしかしたら弟である道谷さんが同居することになるかもしれないと言われました。

植草　そう……。でも、まだ確定ではないんでしょう？

風香　はい。あくまで可能性の話だって。でも、そうなると最初に見ていた条件とずいぶん違うなって……。

風香が挙げた結婚相手への条件のひとつが「親との同居はありえない」だった。道谷とのお見合いも条件に合っていたから決めたのだ。

風香　せっかく本音で具体的な話ができていたのに、ここまできて理想と正反対のことを言われてしまいました。こういう場合、「あざと女子」だったらどうするんですか？　もう道谷さんとはご縁がなかったと思って別れたほうがいいんでしょうか？

植草　結婚して家族を築くとなれば、こういう問題も出てきます。でも、それは風香さんが彼と真剣に向き合った証《あか》しですよ。

風香　そこまでポジティブになれないですよ〜。

植草　本音で向き合って、あまりに思い描く結婚観が違うことがわかったのですね？　「あざと女子」だったら、ここからの行動パターンは2つに分かれるでしょうね。ひとつは、彼との結婚では理想の人生は送れないと判断して、**すぐに彼との別れを決断する。**もうひとつは、**彼が理想どおりに動いてくれるように努力する。**風香さんはどちらがいいですか？

風香　道谷さんのことは好きです。だから、できれば、いまの状況をどうにか解決したいです。

植草　じゃあ、やることは決まりましたね。前にも言いましたよね？　「あざと女子」は自分が楽するために行動するって。

風香　でも、彼が私の理想どおりに結婚観を変えてくれるでしょうか？

植草　**そもそも結婚観がぴったり一致する人なんて、この世にはいません。**何千人と婚活する男女を見てきたけど、100%結婚観が一緒なんて人、ほとんどいませんよ。

風香　そうなんですか。

植草　たとえば、子どもにかける教育費。公立と私立じゃ教育方針も学費も全然変わってくるし、家もマイホーム派、賃貸派で分かれます。結婚後に義実家とのつきあい方に頭を悩ませる人も多いわ。でも、**いちばんもめるのは結婚後に住むエリアです。**ここの折り合いがつかずに破談になるカップルもいるくらいだから。

風香　住みたい場所が違うだけで？

植草　住むエリアによってその後のライフスタイルがガラッと変わるでしょ。都心のタワマンに住みたい風香さんのような人と、郊外に庭つきの一軒家を買いたい人では生活に対する価値観も金銭感覚も全然違います。

風香　結婚にこぎつければ、うまくいくと思ったんですけど……。

植草　人にはそれぞれ譲れるものと譲れないものがあります。それを互いに素直に開示してすり合わせていくことが結婚するってこと。入会時に教材をお渡ししていますので、もちろんご存じだとは思いますが、おさらいしましょう！

植草はメモ用紙にポイントを書き出していく。

□結婚後にどこで生活するか、マンション？　戸建て？　賃貸？　分譲？　エリアは？
□子どもは欲しいか。欲しいとしたら、いつごろか？
□家事分担、育児分担について、どう考えているか
□親の介護について、どこまで考えているか
□結婚後の家計のやりくり
□結婚後の働き方（共働き？　専業主婦？）
□結婚式の規模、時期、場所

植草　自分の結婚観を知るためのワークだから、条件はできるだけ具体的に出したほうがいいです。フワッとしたものはなしね。

風香　このなかでいちばん大事な条件ってあるんですか？

植草　優先順位が高いのは自分が理想とする結婚生活が送れるかどうか、よ。性格が合う、合わないももちろん大事なんだけど、婚活は文字どおり結婚するための活動ですから、理想の結婚生活が送れるかを第一の指標にしないと、気持ちがブレてうまくいきません。**「この人は自分の理想の生活をかなえてくれるのか？」を、つねに問い続けてください。**本当は、これは真剣交際の前に考えてほしかったのですが、もしどうしてもお相手と合わないということなら、

ほかの方を考えるほうがいいです。

風香　道谷さんと話すべきことは、まだまだたくさんありそうですね……。

植草　そういうこと。でも、まずは目の前の問題をクリアにしないとね。彼との結婚観で合わないと思った点を全部書き出してみましょう。そもそも、このタイミングまでにお互いのすり合わせができていなかったことが私にはすごくショックです。いままでの交際期間にいくらでも話し合うチャンスがあったはずです。

風香　うう、すみません……。

風香は道谷さんとの結婚への障壁をメモに書き出した。

①結婚後も、いまの彼の家に住み続けること
②婚約指輪なし
③親族だけの少人数挙式
④彼の両親との同居疑惑

風香　こんなところでしょうか。

植草　このなかから風香さんがどうしても譲れないものはどれ？

風香　えっ？　全部です。どれも譲れません。

植草　それなら現実的なプランについて考えてみましょう。引っ越し費用に婚約指輪の費用、それから海外挙式の費用。低く見積もっても400万円はかかりそうですね。

風香　そんなにかかりますか⁉

植草　風香さんが憧れる海外挙式はどれくらいの規模ですか？　親戚だけじゃなく友だちも呼ぶのなら、飛行機代や現地でのホテル代、ドレス代やメイク代などを合わせたら、それだけで400万円以上はかかると思いますよ。自分の望みを諦める必要なんてありません。でも、彼との結婚というミッションをなしとげるためにはもっと長期的な視点を持つことも大事です。とにかく、いまは細かいことは置いといて「彼との結婚の障壁を乗り越えられるか」を考えましょう。**「あざと女子」は現実的に、明確に進めていきます。最終的に自分が求めるものを手に入れるために一つひとつ問題をクリアしていくタフさが必要です。**

風香　でもでも、どうしても結婚式は友だちを大勢呼んでやりたいんです。

植草　だとしたら、その熱意や費用を彼にプレゼンしてみましょう。

風香　なんだか仕事みたいですね。

植草　仕事と同じですよ。自分の要求を相手に通すのに、ただ感情だけで伝えたってダメ。

「自分はこういう理由で、これがしたいんだ」と丁寧に説明しないと。

風香　わかりました。私、やってみます。あ、先生。ちょっと質問です。絶対条件ではないので書かなかったんですけど、結婚後も仕事は続けたほうがいいですか？　私の母親はずっと専業主婦で私たちきょうだいを育ててくれたので、自分も漠然とそうなるのかなって。でも、いまの時代、やっぱり共働きが主流ですよね。

植草　いろいろな考え方があるから、絶対こうしなさいとは言えませんが、そもそも彼ひとりで働いて、風香さんが思い描く結婚生活が送れますか？

風香　うーん、どうかなあ。

植草　風香さんの希望される生活スタイルでは毎月いくらかかるのか、彼の1馬力で生活費も教育費も何も心配はないのか考えてみてください。ちなみに、**マリーミーの男性会員さんのうち95％は共働き希望よ。**

風香　え！　そんなに多いんですか？

植草　そうです。年収1000万円以上のいわゆるハイスペックの男性もほとんどが共働きを望んでいらっしゃいます。ハイスペ男性のほうがその傾向が強いかもしれない。経済的により豊かになれるというのもあるけど、パートナーとなる女性に社会とつながっていてほしいと感じる男性が増えているんです。この仕事を15年以上やっているけれど、初期のころと比べて共働きを希望する男性は明らかに増えています。

風香　へ〜！

植草　それに、**社会とつながることで自分のやりがいや生きがいにもつながる。**両立することが難しいっていう意見もあるんだけど、自分の居場所はできるだけたくさんつくっておいたほうが何かあったときに助けになるわ。話を戻して、結婚条件のすり合わせだけど、風香さんが譲れないことの第1位は同居の件、でしたよね？

風香　はい。同居は自分の人生計画には入っていないし、まったく考えられないです。

植草　それは事前に伝えないとダメですよ。そもそも彼が同居希望なら、条件が違ってきますよね。

風香　私の要望も正直に伝えたいと思います。

植草　ちゃんと向き合ってくださいね。風香さんならきっと大丈夫。

風香　ありがとうございます。私、やってみます！

Uekusa's Advice

「専業主婦希望」は婚活の幅を狭めます

風香さんの婚活もいよいよ大詰めとなってきました。

アドバイスどおり、彼と結婚についての深い話し合いができたようです。

でも、そこでさらなる難題が。それが「結婚観」についてです。**婚活では自身の結婚観を固めることが何より重要といっても過言ではありません。**

211ページで風香さんにレクチャーしたリストがこちらです。

- □結婚後にどこで生活するか、マンション？　戸建て？　賃貸？　分譲？　エリアは？
- □子どもは欲しいか。欲しいとしたら、いつごろか？
- □家事分担、育児分担について、どう考えているか
- □親の介護について、どこまで考えているか
- □結婚後の家計のやりくり
- □結婚後の働き方（共働き？　専業主婦？）

□結婚式の規模、時期、場所

介護や結婚後のお金については話しにくいテーマかもしれませんが、とても大切なことです。ここを適当に流してしまうと婚約後に「話が違う」となり、破談になることもありえます。

また、少し聞きにくいことですが、**相手のご家族の宗教なども結婚後の生活に大きく影響を与える部分なので、事前にしっかり確認しておくと安心です。**実際に宗教が違うことが原因で破談するカップルもいるので、結婚相談所ではあらかじめ宗教については必ず聞くようにしています。もし彼が何かの宗教を信仰しているなら結婚後、彼の宗教への入信を迫られることもあるので、その点もよく考えなくてはいけません。

風香さんの場合、プロポーズでも結婚生活でもたくさんの理想があったようです。具体的に「こうしたい」という理想を持つことは素晴らしいですが、新居で使う新品の家具、ブランドものの婚約指輪や、海外挙式など風香さんの望みをすべてかなえるにはそれなりの費用が必要です。

全部を自分で賄えるくらいの覚悟があるならまだしも、彼にそれなりに負担してもらいたいと考えているのだとしたら、それは少し厚かましいといえるかもしれません。

最近は、SNSで結婚式や新居での生活など他人の家庭事情を簡単にのぞける場面が増えました。

女性は、とくに見栄えを気にして、つい人より派手だったり華美なものを求める傾向があります。

ここで考えてほしいのは、その「理想」が「誰かに自慢したり、うらやましいと思ってもらいたい」から理想にしているのか、たとえ世界に自分たちカップルしかいなくなっても、そう願うほど自分にとっては必要な思いなのか、です。

見栄えや体裁に振り回されすぎると本質的な幸せを見失います。そして男性からも、そういった虚構心は見透かされ、敬遠されます。

他者より上に立ちたい、他者より贅沢《ぜいたく》な生活を送りたい。

そんな見栄や虚構の生活を手放し、自分にとっての幸福とは何か、を考えてみましょう。他人を基準にせず、自分自身の軸をしっかり保つのです。

SNSで自慢するためではなく、相手といい家庭を築きたいと思ったから結婚するのです。

婚活のゴールが見えてきて、ハイになり、あれもこれもと欲張りたくなる気持ちもわかるのですが、だからこそ「自分にとっていちばん大切なこと」を見誤らないでほしいと思います。

そして、もうひとつ、ここで登場するのが、結婚後も仕事を続けるかという問題。女性は結婚したら寿退職するのが当たり前の時代もありましたが、それは遠い昔の話。

風香さんに伝えたとおり、**婚活市場において最近は夫婦共働きを望む男性のほうが圧倒的に多いのです。**金銭的な余裕を持つためだけでなく、お互い自立した存在として支え合う夫婦になりたいと思う人が増えています。

年収1000万円以上の男性であってもその傾向が見られます。ハイスペックな人ほど社会人として自立した夫婦像を望んでいるのです。

私のカウンセリングにも専業主婦を希望する女性が、少数ですが、いらっしゃいます。専業主婦希望の女性には、まずはこういった実態をしっかりお伝えします。

なぜなら、「専業主婦希望」でいるかぎり、マッチングする相手の数がかぎりなく減ってしまい、せっかくの可能性もつぶすことにつながるからです。

ご本人の人生観にもよりますが、**仕事を続けるほうが、婚活では有利になるとはいえるでしょう。**

「あざと女子」のルール

RULE 33
結婚の条件は絶対に妥協できない部分と譲歩できる部分を書き出して考える。

RULE 34
愛を持って深く向き合えない相手と、そもそもつきあわない。

Fuka's Story 08
自分と向き合うということ

蒸し暑い夕方。都心には雨が降り注いでいた。
風香は同僚の信子となじみの居酒屋に来ていた。

信子 風香、27歳の誕生日おめでとう。そして、もうひとつ。結婚もおめでとう！
風香 ありがとう！

2人はビールで祝杯を上げる。

信子 それにしても、まさか本当に結婚しちゃうなんてね。しかも真衣先輩と同じ結婚相談所って、本当すごいよ。
風香 完全に勢いで入会しちゃったけど。あのとき思い切って決断してよかったよ。
信子 ちょっともう、聞きたいことたくさん！　てか、結婚決まるまでも結構悩んでたじゃない。同居の件、あれはどうなったの？

風香 それがね、結局、彼のお兄さんが海外に定住することは変わらなくて。何年先になるかはわからないけど、やっぱり将来的には同居かもって言われて、えーって感じでしょ。

信子 それはそうだよ。

風香 だから、私はっきり言ったの。同居になるとわかっていたら、そもそもお見合いはしてないですって。

信子 言ったんだ。

風香 言った。すると、彼もそれに納得してくれて、「もう同居の話は絶対にしません」って言ってくれたの。

信子 えっ、よかったね。そんなあっさり解決するなら、悩む必要なかったんだ。

風香 自分の思いをごまかさずにはっきり伝えたのがよかったみたい。というのも、彼は同居について私がすごく悩んでるってこと自体、気づいてなかったの。だからね、私から言われて相当驚いたみたい。急いでご両親と話し合ってくれたんだよね。

信子 伝えるって大事だねー。

風香 本当に。ほら、私って思い込みが激しいでしょ？

信子 うん。

信子は即答する。

風香　思い返すと、これまでの人生でも「言わなくてもわかってくれてるはず」って思い込んじゃうことが何度もあったの。だから相談所の先生からはっきり伝えないと相手はわからないってアドバイスされて、ハッとしたんだよね。前の私だったら、きっと言いたいことを言い出せずに相手に勝手な期待しちゃってモヤモヤ、イライラして、そのままお別れしちゃってたと思う。

信子　風香、変わったんだね……しかも27歳の誕生日にプロポーズされるなんて、超理想的！

風香　しかも私が憧れてた夜景の見えるレストランで、ひざまずいて指輪をパカッていうのもやってくれたんだよ！　もう超感動しちゃった。

信子　道谷さん、婚約指輪はいらないって言ってたんじゃなかった……？

風香　私が指輪の話をしていたときにテンション下がってたのが気になって、誕生日当日に間に合うように急いで買いにいってくれたみたい♡　サイズも私が寝てる間にこっそり測ってたんだって。それで感激して号泣してたら、「風香さんが喜んでくれるなら、なんでもしたいです」とまで言ってくれたの。

信子　やばっ、愛されちゃってるじゃん。

風香　やっぱり変に意地張らずに自分の素直な気持ちを伝えたから彼の気持ちも固まったみたい。植草先生の言うとおり、やっぱ、思ってることはどんどん言っちゃったもん勝ちなのよ！！！

信子　とにかく、風香の作戦勝ちってことだね。

風香　まぁね。私、「あざと女子」だから。

風香がわざとらしく髪をかき上げる。

信子　はいはい。それじゃ、もう一回、乾杯しよう！

今日は金曜日。明日のことは考えず、たくさん飲もうと風香は思った。
空には満月が浮かぶ。もうすぐ冬が来る。

Uekusa's Advice

自分と相手ととことん向き合った人が「幸せ」をつかみとります

紆余曲折ありましたが、見事、結婚にいたった風香さん。

直前まで彼との結婚観の違いについて悩んでいましたが、そのことについてもしっかり話し合うことができ、クリアできたようです。

自分の思い描く未来や、いやだと感じているポイントを感情的にならずに相手に伝えたのが功を奏したのでしょう。

婚活を始める前の風香さんだったら、きっと不満を感じても、すぐ諦めたり、相手が察してくれることを期待してずっと待っていたのではないでしょうか。

婚活を始めると、交際終了にして「この人と本当に後悔しないだろうか？」と悩んだり、はたまた「この人と真剣交際を進めて大丈夫だろうか？」と考えたり。つねに人生の選択を迫られているような状態なので、ストレスを感じて疲弊してしまう人がたくさんいるのも現実です。

今回の風香さんもそうでした。

しかし、**そこで諦めたり投げやりになったりしない姿勢が人生を幸せへと導きます。**婚活にかぎらず、人生にはあらゆる悩みや迷いが生まれる局面があります。

一見、順風満帆に見えている人だって、絶対にどこかで悩んだり挫折を味わったりしています。人生の選択肢に「絶対、正解」なんてありえません。

でも、自分の選択を自分自身で「正解」に近づけていくことはできます。

「あざと女子」になるためには「私は必ず幸せになれる」という揺るがない自信が大切です。それは、「自分の人生は、どんな選択をしたとしても幸せになるに決まってる」という根拠のない、しかしポジティブで力強いパワーです。

幸せをつかめるのは、その「幸せになる」という確固たる思いを見失わずに、自分を信じて行動できた人だけ。

自分ととことん向き合える人が、本当に自分が欲しいものを勝ちとるのです。

RULE 35

「あざと女子」のルール

心の声を大切にする。

Story 03

「あざとい」で人生をコントロールする方法

Profile

| name: Takane Michitani | age: 40 |

道谷貴音
(40)

職業　外資系IT企業

年収　700万円

趣味　読書

恋愛経験　ほぼなし

結婚相手に望む条件　教養があって、清潔感のある人

休日の過ごし方　仕事と勉強

結婚観、理想の夫婦像　お互いの仕事を尊重しながら生活したい

Takane's Story 01
「あざとい」から最も遠い女

貴音　ああ、今日はコース料理なんですね。

道谷貴音は明らかに不満気な表情と、がっかりした声でつぶやいた。土曜日の夜。テレビにも出演する人気シェフの店というだけあって店内は満席だ。今日は大学時代の同期が紹介してくれた男性との初めてのデートだった。

山田《やまだ》　お気に召さなかったですか？
貴音　いえ、そういうわけじゃないんです。ただ、私、あまり量を食べないほうなので、大丈夫かなと少し心配になって。
山田　気がきかなくてすみません！　食べることがお好きと伺っていたので。
貴音　好きなものを少しずついただくのが好きなんです。

真顔でそう言いながらも、貴音はメニューに目を通す。本当はエスカルゴが食べたかったけれど、きっとコースには含まれていないだろう。食事の価値観が合うかどうかは結婚生活に大きくかかわる。貴音の心のチェックリストにさっそく「食事の価値観が合わない、マイナス10点」と書き込まれた。

山田　貴音さんは外資系のＩＴ企業にお勤めなんですよね。

貴音　はい。

山田　キャリアウーマン、かっこいいなぁ。僕は新卒からずっと日本企業なので、外資系企業には漠然とした憧れがあるんですよ。

貴音　そうですか、別に、たいして変わりませんよ。

少し間が空き、慌てたように山田が口を開く。

山田　貴音さんは何か趣味とかってありますか？

貴音　まぁ、読書とかですかね。

山田　へえ！　どんな本を読まれるんですか？

貴音　最近は資格勉強のテキストです。

山田　向上心があるんですね。ちなみに僕は映画が好きで、よくひとりで映画館に行くんです。貴音さんは好きな映画はありますか。

貴音　映画って私、観《み》ないんですよね。2時間も拘束されるのが苦痛に感じてしまうんです。

山田の笑顔が凍っていく。積極的に話しかけてくるのは加点。でも、無意味な話題を引き延ばそうとするのは減点。

「今日は点数のアップダウンが激しそう」

貴音は心のなかで思う。

貴音　私からも質問、よろしいですか？

山田　えっ、ああ。どうぞ！　なんでも聞いてください。

貴音　まず、家族構成とご家族との関係性、将来の介護について、どのように考えてらっしゃるか、あと山田さんの現在の資産形成の内訳とか身体的な不安があれば、それも知りたいです。ご家族の病歴とか、あとは、希望される性生活の頻度についても……。

山田　ちょ、ちょっと待ってください！　なんでも聞いてくださいとは言いましたが、ちょっといきなり重すぎるというか。まずは貴音さんがどんな方なのか知りたいですし、もう少し軽めの話題から……。

貴音　軽めのお話って必要でしょうか？

山田　えっ。

貴音　私は、山田さんは婚活中だということで紹介を受けました。つまり、今日のお食事って結婚を見据えたデートですよね？　お互いの目的のために、しっかり価値観、結婚観を確認したほうがムダがないと思うんです。

貴音はまっすぐに山田を見つめて言った。

✦ + ✦ + ✦

結局、コース料理は半分以上、残してしまった。

お店には申し訳なかったが、しかたがない、と貴音は気持ちを切り替える。デートでは相手とコミュニケーションをとる時間のほうが重要だ。

デートが終わると、貴音はいつも近くのカフェに1時間ほどこもる。その日に会った男性のスペック、会話の内容などをフィードバックし、点数をつけるのだ。エクセルで専用のグラフをつくり、過去のデータもさかのぼって確認できるようになっている。

貴音　学歴、職業は合格点だけど、なんだか頼りなさそうだし、価値観の相違も気になる。山田さんは69点、と。まずまずかな。

貴音はメールを打つ。

貴音　山田さん、今日はありがとうございました。またお会いしたいのですが、来週以降のご予定、教えてもらえますか？

「これでよし、と」

ひと仕事終えた貴音はコーヒーを飲み、山田と結婚した場合の家庭像について頭のなかでシミュレーションを繰り広げた。

翌日、山田から送られてきたメールは非常に淡泊だった。

山田　昨日はありがとうございました！　じつは今月、来月と仕事が立て込んでいまして……。またタイミングが合えば、お誘いしますね！

貴音としては来週にでも2回目のデートを、と考えていたところが拍子抜けだった。山田を紹介してくれた友人に、貴音はすかさず電話していた。

貴音　紹介してくれた山田さん、昨日デートしていい感じだったのに、なんだか2回目のデートは乗り気じゃない感じなんだけど……。

電話口の友人が苦笑しているのが伝わってくる。

「あー、いや、俺にもさっき連絡来て、見た目はすごくタイプなんだけど、あんまりノリが合わなかったというか……まぁ難しそうだって言ってた。力になれなくてごめん！」

ノリが合わなくて難しそう？？？

貴音の頭にたくさんの疑問符が浮かぶ。

つまり、向こうからお断りされたってこと？　この私が？？

「あ、そう。じゃあ大丈夫」
それだけ言って、貴音は一方的に電話を切った。

✦ + ✦ + ✦

風香　あ、お義姉《ねえ》さん！

大安吉日の日曜日。
弟が結婚することになり、貴音は弟の婚約者を交えた食事会に参加したが、まさにいま帰ろうとしていた。

貴音　風香さん。

着物姿の風香が走って駆け寄ってくる。

風香　今日は私たちのために来ていただき、ありがとうございました。お義姉さん、お仕事忙しいのに……。

貴音　気にしないで。それより、途中で抜けることになってしまってごめんなさいね。このあと仕事でやらなきゃいけないことがあって。

風香　とんでもないです。あの、これ荷物になっちゃうんですけど、よかったら。

風香が洋菓子店の紙袋を渡す。

貴音　ありがとう。あら、私、このお店のクッキーすごく好きなの。

風香　本当ですか？　よかったぁ。ぜひ、召し上がってください。

何ごとにも無関心で面倒ごとが大嫌いな弟が、よくこんなにも溌剌《はつらつ》としたかわいらしい女性をつかまえたものだと貴音は思う。性格が真逆だから惹《ひ》かれ合ったのだろうか。

貴音　ねぇ、ちょっと聞いてもいい？　風香さんは弟のどこがよかったの？

風香　えっ。

貴音　私、弟におつきあいしている人がいることすら知らなかったから。どんなところに惹かれたのか気になって。

風香　えっと、じつは私たち、結婚相談所で出会ったんです。相談所で素敵な男性と出会えるのか正直、最初は半信半疑だったんですけど、穏やかで落ち着いて話し合える道谷さんとなら結婚したいって思いました。本当に私にはもったいないくらいのいい方で……。結婚についての話し合いでも私の意見を尊重してくれて、すごくやさしいなって。

風香の幸せそうな顔を見て、貴音はうらやましく思った。

――同じように真剣に婚活しているのに、どうして自分はうまくいかないんだろう。

そこで貴音はハッとする。

貴音　風香さん。

風香　はい、なんでしょう？

貴音　その結婚相談所、教えてくれない？

Uekusa's Advice

仲よくなるためには、なんだかんだ言っても、手土産がいちばん効果的です

3人目の主人公、貴音さんは自分の人生をしっかり生きてきた女性です。つねに目標を持ち、人に甘えることなく自分の道を突き進んできました。

頑張ってきたおかげで仕事は順調、経済的にも余裕があります。あとは結婚だけ、ということで婚活を始めることにしたようです。

ただ、そんな彼女なので、自分の考え方にも強い自信を持っており、「すぐに他者をジャッジしてしまう」という困った癖をお持ちです。

冒頭のデートで、その一端が垣間《かいま》見えますね。

お相手が予約してくれた料理や話す内容をジャッジし、頭のなかで点数をつけています。会話しているあいだにもずっと「私にふさわしい相手かどうか」を値踏みしているのです。相手も貴音さんに気を使いながら話しているので、とても会話が盛り上がっているようには見えません。

なお、ここで貴音さんが指摘しているコース料理問題。そんなこと気にする？　と思われるかもしれませんが、これが意外と重要なのです。**婚活ではデートで行くお店や食事の内容がきっかけでトラブルになることが少なくありません。**コース料理に関しても「お見合い相手の方が、勝手にコース料理を頼んでいたんです。食べ切れないので困りました！」という怒りの声をしばしば耳にします。

この対処法については、のちのちくわしくお伝えしていきますね。

さて、そんな貴音さんは効率よく婚活を進めるため、積極的に質問を重ねていきます。家族構成や将来的な介護問題、資産形成の内訳、持病の有無、理想とする性生活の頻度……などなど。結婚観をすり合わせるためにも、こうしたテーマについて話し合うことはとても重要です。

しかし、初対面の人にする質問としては、あまりにもストレートすぎます。たしかに、婚活は効率よく進めることが理想ですが、だからといって他者とのコミュニケーションをないがしろにしていいわけではありません。

では、他者といいコミュニケーションを築くためには何に気をつければいいのでしょうか。貴音さんの義妹に当たる風香さんがその正解を示してくれています。**ズバリ手土産作戦です。高価なものでなくて構いません。お会いする方にちょっとしたギフトを渡すと、それだけで心の距離がグッと縮まるのです。**

私の身近にいる「あざと女子」たちも、みんな一様にギフトにくわしいです。誰かにプレゼントをする機会が多いので、自然と情報が集まってくるのでしょう。

彼女たちはデートのお相手はもちろん、いつも会う友人、お世話になっている職場の方など、あらゆる場面でギフトを贈っては喜ばれています。壁のある間柄ならなおさら手土産作戦は有効です。

貴音さんも大好きなクッキーをもらって、すっかり上機嫌な様子。

「あざと女子」から最もかけ離れた存在の彼女が、ここからどう進化していくか見ていきましょう。

「あざと女子」のルール

RULE 36

仲を深めたい人には手土産を持参して距離を縮める。

Takane's Story 02
40代女性の婚活攻略法

風香に紹介してもらった結婚相談所「マリーミー」は業界でも評判の相談所らしい。事実、弟夫婦もここで出会ってトントン拍子にうまくいき、結婚している。
義妹の幸せそのものの表情が背中を押し、貴音はマリーミーへの入会を決めたのだった。

植草　風香さんのお義姉さんなんですね。
貴音　はい。義妹がお世話になったので、ぜひ私もお話を伺いたいと思って。

よく晴れた冬の土曜日。貴音はマリーミーのカウンセリングルームにいた。
植草がカウンセリングシートに目を通す。

植草　道谷貴音さん。40歳。結婚相談所に入会するのは当社で2件目ですね。
貴音　はい。38歳のときに1年ほど相談所で活動していたんですけど、うまくいかなくて。

植草　前の結婚相談所での成果はどうでした？

貴音　お見合いに進んだのが９人。そのなかでひとり、仮交際まで進んだ方がいたぐらいです。あとはとくに成果はありません。

そう言うと、貴音はノートパソコンを取り出し、植草に見せた。

植草　これは？

貴音　お見合いしてきた方々のデータをまとめたものです。

植草　靴ひもが汚れていた、深爪だった、食べ方が汚い、貧乏ゆすり……これって相手男性のことですよね。これを毎回つくっているということですか？

貴音　はい。分析は大事ですから。ちなみに、私の希望する最低条件はこれです。

貴音は結婚相手の条件として必須事項を書き出したメモを見せた。

植草　年齢40歳以下で標準体型、家事能力があって歯並びのいい人……。

貴音　まぁ、ごく一般的な希望条件なんですが。

植草　お相手の学歴や年収は気にならないということ？
貴音　いえ、学歴は最低でも大卒、年収は700万円が希望です。
植草　じゃあ、それも条件に加えないといけませんね。むしろ、そこが大事なところです。
貴音　当たり前すぎて条件に入れる必要はないと思ってました。最初は年収1000万円以上を条件にしていたんですけど、私の収入を加味して下げたんです。世帯年収として考えたほうが合理的に相手を見つけられると思ったので。私が希望する同年代の方の平均年収を考えたら、やはり700万円くらいが妥当ですよね。

貴音はこともなげに言う。
植草は貴音が書いたプロフィールシートに目を通す。
中高一貫のお嬢さま学校を卒業し、有名私大の文学部に入学。新卒で外資系IT企業に入社し、勤続18年目。趣味は読書。年収は同世代の一般女性よりかなり多い。絵に描いたようなハイキャリア女性だ。

植草　それではまず、現実的なお話をしますね。前の相談所でも言われたと思いますが、念のため。結婚相談所では40歳以上の女性は……。

さえぎるように貴音が口を挟む。

貴音　40代女性の成婚率は低いんですよね。そのあたりは大丈夫です。市場リサーチは私の得意分野なので。

植草　成婚率をご存じなら、他社さんとは違う方法で挑みましょう。**40代の婚活女性にとってライバルは20代。**40代女性の婚活はハードな戦いになることも覚悟されているのですね？

貴音　はい、厳しい道であることはわかっています。

植草　それでは、その方向性で進めていきましょう。ところで、さっき見せてもらった貴音さんの結婚相手への条件ですが、外見の要望が目立ちますね。貴音さんにとって相手のルックスが重要なポイントなのでしょうか。

貴音　面食いというわけではありません。ただ、清潔感があって心身ともに健康的な方であってほしいというだけです。「太っていない」ことはとくに健康面に関する意識の表れ。絶対条件だと思います。

植草　私も外見はとても大切だと思います。男性も女性も、お見合いはまず外見から入りますからね。ところで、貴音さんは今日はお仕事帰りですか？

貴音はグレーのパンツスーツスタイル。
長い髪はひとつに縛っている。
メイクはほとんどしておらず、すっぴんに近い。

貴音　はい。このあとも会社に戻る予定です。
植草　土曜日なのにお仕事があるのですね。
貴音　今度、大事なプレゼンを控えているので、その準備のためです。
植草　そう。本当にお仕事、頑張られているんですね。もしかしてなんだけど、お見合いにもその格好で行かれていましたか？
貴音　職場から直行しているので、このままの格好で行くことが多いですね。スーツなので、どんな場所に行ってもお相手にも失礼になりませんし。もちろん、しっかりメイクはして行きますよ。それに、私という人間を知ってもらうのにはこの格好がいちばん適していると思うので。一石二鳥です。
植草　たしかに、そういうメリットもありますね。でもね、貴音さん、できればお見合い用のお洋服を……。

再び、さえぎるように貴音が言う。

貴音　時間もないことですし、さっそくですが、お見合いのセッティングをお願いできますか。写真はこれを使ってください。前の結婚相談所で撮ってもらって気に入ってるんです。

渡された写真は、やはりスーツ姿の貴音がキリッとした眉をつり上げ、わずかに微笑んでいるものだった。真面目な印象は伝わるが、これではお見合いの申し込みは期待できないだろうと植草は思う。

植草　凛《りん》とした印象のお写真ですね。でも、もっと貴音さんの魅力が伝わるような写真に変えてもいいんじゃないかしら?

貴音　この先、婚活にどれくらい費用がかかるかわからないので、できるかぎりムダな出費は抑えたいんです。

いまの貴音には何を言ってもムダだ。

そう思った植草は、それ以上、口を挟まなかった。

貴音　風香さんが言っていたんです。植草先生はすごく頼りになる方だって。

貴音はここで初めて少しだけ笑顔を見せた。

Uekusa's Advice

「あざと女子」は、みんな聞き上手です

婚活に年齢がとても重要だということは、これまでにも述べてきました。年齢が上がるにつれて成婚率が下がっていくのも、すでにお伝えしたとおりです。

婚活では40代女性と20代女性が同じ土俵で戦います。自分より10歳以上若い女性と競いながら婚活を進めていくことになるのです。厳しいようですが、これが現実です。だからこそ40代女性の婚活にはより緻密な戦略が必要となるのです。

実際のカウンセリングでも、この事実は最初にしっかりお伝えします。貴音さんは自分が婚活市場においてどういうポジションなのかは十分理解しており、ディスアドバンテージがあることもわかったうえで婚活に挑もうとしています。婚活への強い決意を感じますね。

ところが、そんな決意とは裏腹に、貴音さんの婚活戦略はかなり偏ったものでした。「私はスーツスタイルがいちばんしっくりくるので」「写真はこれがいちばんいいので」……など自分の意見が最優先というスタイル。

もちろん、婚活をどう進めていくかはご本人が決めることです。ただ、自分が正しいと思う

やり方が間違っていたとしたら時間のムダになってしまいます。だからこそ、**婚活は客観的な視点を取り入れながら進めていくことがとても大切なのです。**

その点、「あざと女子」は人の意見を取り入れることに抵抗がありません。たとえば、「こういうファッションが似合うと思う」と言われれば、どんどんトライしていきます。少しでも違うと思ったら、すっぱりやめて、また別の方法を試します。このように、トライアンドエラーを繰り返しているから、自分に似合うスタイルを見つけることができるのです。

どうやら貴音さんは「自分にはこれがいちばん似合う」と決めつけて長年、同じスタイルを貫いているようです。メイクもファッションも一年もたてばあっという間に古くなります。洗練されないメイクやファッションは婚活の場では不利です。

また、**女性にウケる服装やメイクと、男性にウケる服装やメイクはまったく違います。**貴音さんも早くそのことに気づいてくれればいいのですが……。

「あざと女子」のルール

RULE 37

自分のやり方にこだわって他人の意見を聞き入れない人は結婚が遠ざかる。

Takane's Story 03

このままだと、あなたは結婚できません！

カウンセリングルームの扉をノックする音が響く。

今日も貴音はパンツスーツに、きつくひとつに縛った髪とキリッとした印象的な眉。いつものスタイルだった。

先日のお見合いは残念ながら、次にはつながらなかった。

貴音　条件的にはいいと思ったんですけど、会話が少し空回りしていたかなと。

植草　どんなふうにですか？

貴音　私から結婚観についての質問をたくさん投げたんですけど、ほとんどはぐらかされてしまって……。

植草　具体的には、どんな質問をされたのですか？

貴音　普通ですよ。家族構成とそれぞれの関係性、経済的な考え方や、理想とする夫婦像、性生活とかです。事前に聞きたいことを20項目くらい用意していたので。

植草　聞きたいことを考えておくのは素晴らしいけれど、いくらお見合いだからといって、初対面の人には少しデリケートな質問も多いですね。

貴音　でも、お互い結婚を目的として会ってるわけですよね。趣味だとか休日をどうやって過ごすだとか、どうでもいい雑談をする時間ってムダじゃないですか？　それに、基本的にお会いする男性より私のスペックのほうが高いんです。年収も学歴も持っている資格も。なので、まずは私からどんどん質問して私がお相手のことを知ることに全力を尽くしたほうが、お互いにとって有意義な時間になると思うんです。

植草　貴音さん。私はあなたのことを本当はとってもチャーミングでかわいい人だと思っています。でも、**あなたのキャリアや仕事に対するプライドが魅力を伝えることの邪魔しているように見える。**

貴音　プライド……？

植草　貴音さんが、これまでとても努力してこられて素晴らしい経歴だということも十分わかりました。でもね、婚活の場ではそれらは優先条項ではないんです。もちろん男性も女性も収入やキャリアがあるに越したことはないですが、それより相手を思いやる気持ちがある人や、やさしさを持って接することができる人のほうが、どれだけ高いスペックを持っている人より選ばれるのですよ。

貴音　思いやる気持ち……ですか？

植草　貴音さんは相手を知ろうという気持ちばかりが先行して、自分を知ってもらおう、自分の思いや魅力を伝えようという気持ちが全然感じられない。自分のことばかりで周りが見えていないのよ。**お相手を大切にしない人はお相手からも大切にしてもらえないですよ。**

貴音は反論しようとするが、言葉が出てこなかった。

もしかして、自分の考え方は間違っているのだろうか？

Uekusa's Advice
相手を見下す女性と結婚したいと思う人はいません

婚活では年収や学歴といった情報を伏せて活動することはできません。お見合いをする際には、まずこれらの条件を提示することが必須です。

男性の場合、通常はスペックが高い人にほどお見合い希望者が殺到します。

とはいえ、条件がよければすぐに結婚できるのかというと、そうとはかぎりません。マリーミーには年収が億単位という会員さんもいます。しかし、そういう人がなかなかマッチングできずに苦戦することもあるのです。

反対に、婚活を始めたころは「自分のスペックに自信がないんです……」と言っていた方が、すんなり成婚退会していくケースもあります。

結局、**条件はあくまで出会いのきっかけにすぎないのです。**たとえ年収が高くても思いやりに欠ける人は、それだけで結婚対象から外されてしまいます。結婚はこれからの生涯をともに過ごすということです。やさしさがない人と暮らしていけないと思うのは当然ですよね。

残念ながら、貴音さんはそのことにまだ気づいていません。「自分はこれだけのスペックなのだから、相手にも求めて当然」と上から目線でいます。

お見合いの場に質問をたくさん用意していく姿勢は素晴らしいのですが、貴音さんのやり方はまるで会社のアンケートです。事務的に、しかもプライバシーにかかわる質問をどんどんされたら、相手が「えっ……」と絶句するのも無理はありません。結婚相手をスペックだけで判断しようとしているので、肝心の相手の気持ちが二の次になっています。

この考え方でいるかぎり、貴音さんはいつまでたっても結婚はできないでしょう。心のコミュニケーションがとれない相手と結婚しようと思う人はいないからです。

婚活は突きつめれば、人と人とのコミュニケーション。貴音さんの場合、まずは「私の意見がいちばん正しい」という思い込みを外していくことがステップになりそうです。

「あざと女子」のルール

RULE 38

婚活では、スペックの高さは最優先事項ではない。

Takane's Story 04
「あざと女子」は仕事のチャンスもつかんでいく

休日のオフィスには誰もいない。
昔は土日返上でみんな仕事をしていたものだが、最近は働き方改革のおかげで、そういう社員はすっかり減った。時間を減らす分、仕事のスキルは上がらないこともあるのに……。貴音が深いため息をついたとき、デスクの向こうから中島沙耶《なかじまさや》が顔をのぞかせた。

沙耶　あ、道谷さん。お疲れさまです。
貴音　珍しいわね、中島さんが土曜出勤してるなんて。

沙耶は28歳で、貴音の直属の後輩だ。
明るく朗らかな性格のうえに頭が切れると評判で、上司からのウケもいい。ただ、貴音からすると、「要領がいいだけのちゃっかり者」で、決していい印象ではなかった。上司が彼女を推すのは若くてかわいいからだとしか思えなかった。

沙耶　じつは部長から月曜日のコンペ大会までに大至急、新しい企画を用意してこいって言われちゃって。うわーって感じですよ。これってパワハラで訴えたほうがいいですかね？

言葉は過激だが、表情からそれが冗談だということがわかる。

貴音　沙耶さんの企画力に期待してるのよ。

沙耶　まさか。どうせただの数合わせですよ。でも、もしも企画が通ったら部長に高級イタリアンをおごってもらう約束したんです。私の同期も一緒に。たまにはこれくらいのワガママ言ってもバチは当たりませんよね。

貴音はこれまで上司にそんな無礼な要求をしたことはなかった。むしろ、そんなことを言う発想すらなかった。

沙耶　道谷さんは今日はどうされたんですか？

貴音　私もコンペで使うプレゼン資料の仕上げ。

沙耶　前回のコンペでは道谷さんの企画が採用されましたよね。すごくかっこよかったです！

今回もきっと道谷さんに決まりですよ。

貴音　そううまくいかないわよ。

いちおう謙遜してみたものの、おそらく自分が選ばれるだろうと貴音自身も思っていた。この日に向けてそれだけの努力をしてきたのだから。

沙耶　さてと。私はこのくらいでいいかな。お先に失礼します。

沙耶は「あっ」と気づき、貴音に近寄り、箱を渡す。

貴音　これは？

沙耶　私の好きなチョコレートです。休日出勤のストレス軽減用に買いだめしてたんですよ。道谷さん、よかったらこれでエネルギーチャージしてください！

貴音　あ、ありがとう。いただくわね。

沙耶が去り、貴音ひとりになった社内は静寂に包まれる。しかし、どうして突然、沙耶がコンペに参加することになったのだろう。沙耶の年齢や実績を考えたら、まだ早いはずなのに。
ざわざわした気持ちを、貴音はチョコレートの箱と一緒にデスクにしまい、自分の業務にとりかかった。

✦ + ✦ + ✦

社内の会議室で貴音の声が響く。

貴音　部長、どういうことですか？　どうして私が落とされたんですか。私のプレゼンのほうがすぐれていたのは明らかですし、キャリアも実績も彼女より私のほうが上です！

審査の結果、選ばれたのは沙耶の企画だった。
今回のコンペに選ばれれば新規プロジェクトの重要なポジションにつけるはずだった。それを後輩に奪われたのだ。貴音には納得がいかなかった。

貴音　私は、いままで会社に貢献するため、必死に実績を積んできました。それなのに、この結果はあんまりです。

いまさらこんなことを言っても、どうにもならない。でも、言わないわけにはいかなかった。しかし、部長から出た言葉を聞いたとき、貴音は言葉を失った。それは植草から言われた言葉と同じだったからだ。

✦ + ✦ + ✦

植草　そう。それは残念でしたね。

コンペに落選したことは、いまでも悔しい。しかし、貴音はそのあと上司から言われた言葉のほうが引っかかっていた。

貴音　じつは……コンペに落ちた理由を上司に聞きにいったときに、言われたんです。「君は仕事はできるけど、人の気持ちがわかっていない」って。プレゼンにも自分の気持ちを押しつけるような言葉ばかりが並んでいて、「チームで動くプロジェクトは任せられない」とも言われました。

いったいどんなプレゼンだったのか。植草は気になったが、あえて聞かなかった。

貴音　このあいだ、先生も私に上司と同じようなことを言いましたよね。「あなたには周りが見えていない」「相手を思いやる気持ちが足りない」と。自分が気づいていないだけですか？　私って何かすごく間違ってますか？

植草　**何か違うと気づけたことが大きな一歩。それってすごいことよ。**

植草にやさしい言葉をかけられ、貴音は目頭が熱くなる。

貴音　たしかに、私の言動に少し問題があるってことは40年も生きているんだからわかります。でも、実際にどうすればいいのかわからなくて。

植草　難しく考える必要はありません。貴音さんは最近、周りの人からされてうれしかったことってない？

貴音　うれしかったこと？　なんだろう……。

植草 そういえば、義理の妹の風香さん。彼女からクッキーもらったでしょう?

貴音 はい。私の好きなお店のもので、うれしかったのを覚えています。

植草 あれはね、風香さんが事前に貴音さんの好きなものをリサーチしてわざわざ用意してくれたんです。

貴音 えっ、そうだったんですか!? そんなこと言ってなかったのに。

植草 気を使わせたと思ってほしくなかったから、あえて言わなかったの。せっかく忙しいなか来てくれるんだから、せめて何か贈りたいって風香さん言ってましたよ。

貴音 そんな気づかいをしてくれてたんですね。

植草 貴音さん。あなたはお見合いに行けば相手を細かく採点して、これをしてくれた、あれをしてくれなかったって、そればっかりでしょう。逆に、あなたはお相手にいったい何をしてあげられたか考えたことありますか?

貴音 私は……。

植草 **何かを得たいなら、まずは相手に与えなければ。**貴音さんは人から愛される「あざとさ」を身につけたほうがいいわね。

貴音 「あざとさ」……あの、私「あざとい」って言葉、すごく嫌いなんですけど。

植草 以前、貴音さんのように「あざとい」を毛嫌いしている女性に出会ったことがあります。

真面目でやさしくて、とても魅力的な女性だったんだけど、あざとくなれないせいで、いつも幸せを逃していました。

貴音 あざとくなったら幸せになれるほど世の中って単純ですか？

植草 人生はそう簡単にはいかないかもしれない。でも、**男性との関係に関しては、いたってシンプル。あざとくなれば愛される。**実際、その「あざとい」を毛嫌いしていた女性も、「あざとさ」を身につけたおかげで素敵な男性と成婚退会していきましたよ。風香さんも結果的に結婚できたのは彼女が「あざとテクニック」を習得したからですよ。

貴音 そうなんですか!?

植草 この風香さんからの手土産がその証拠です。

貴音 でも、「あざとい」って異性に使うテクニックだとばかり思ってました。

植草 **「あざとテクニック」は誰にでも使えるんです。**友だちにも、家族にも、職場でもね。

貴音 私が変わるためには、その「あざとさ」が必要ってことですか。

植草 身につけてみる価値はあると思いますよ。

貴音が素直に話を聞く姿勢になったのを見て、植草はここぞとばかりに話し始める。

植草　「あざとい」についてお話しする前に、どうしてもお伝えしたいことがあるんです。貴音さんのファッションについて。

貴音はおなじみのグレーのスーツを着ている。

植草　はっきり言いますが、**お見合いにはスーツを着て行かれないほうがいいと思います。**
貴音　でも、これは私のアイデンティティみたいなものなんです。
植草　貴音さん、**「あざとい」っていうのはサービス精神。**どうしたら相手が喜んでくれるか、先回りして考えられる人のことをいいます。仕事と一緒なんですよ。取引先がどうしたら喜ぶか、貴音さんも考えますよね？
貴音　仕事と婚活を同じように考えたことはありませんでした。
植草　目標達成のために最善策を考えるという意味では同じです。**相手の立場に立って行動できる人が成功するの。**貴音さんとお見合いした男性の気持ちを考えてみて。仕事が終わって、さあデートだと気合いを入れていたのに、待ち合わせ場所にいた女性が、取引先の方みたいな格好してたら、どう思われると思いますか？
貴音　残業してるみたい……ですね。

植草　仕事が続いてるような印象を与えてしまいます。そうすると、相手もお見合いスイッチが入らない。おまけに貴音さんお得意の質問攻撃にあったら、まるで就職面接になってしまいます。この女性と楽しい家庭を築こうというイメージが湧かないでしょう。

貴音　就職面接……。

植草　貴音さんは、**まず服装を変えるところから始めましょう。**あとメイクも大至急、特訓すること。そのメイク、もう何年も変えていないのでは？　ヘアスタイルも同じですよね。

貴音　はい。楽なので、基本的にはひとつに縛っています。

植草　昔はそのメイクや髪型でもナチュラルでよかったかもしれません。でもね、年齢を重ねるごとに、だんだん似合うものは変わっていきます。でも、それに気づかない女性が本当に多いんです。ちゃんと自分をアップデートしていかないと化石になっちゃいますよ。

貴音　化石はいやです！

植草　**まずは外見から変えること。そうすると、自然と中身も変わっていきますから。**

Uekusa's Advice

小さなチャンスも全部ものにするのが「あざと女子」です

婚活だけでなく仕事でも挫折を味わうことになってしまった貴音さん。しかし、この出来事が貴音さんを、「あざと女子」に変えるターニングポイントとなります。

今回、貴音さんにはまず人を気づかうことについて考えてもらうことにしました。ここでも参考になるのが義妹の風香さんとのやりとりです。

人との距離を縮めるためには手土産作戦が効果的だという話をしましたが、デキる「あざと女子」はさらにその上をいきます。**相手が喜ぶものを調べてそれを渡すのです。面倒に思えますが、そのひと手間を惜しまないのが「あざと女子」であり、仕事ができる人なのです。**

さりげない心づかいがいちばん人の印象に残ることを「あざと女子」は知っています。

小さなチャンスもしっかりものにしていく姿勢は、ぜひ真似したいところです。

貴音さんと同じ職場の沙耶さんも仕事の差し入れにとチョコレートを渡しています。「買いだめしていた」と言っていますが、おそらくそれは貴音さんが遠慮なく受けとるための建前でしょう。忙しい先輩に少しでも何かしてあげたいという沙耶さんのやさしさです。これを自然にできる沙耶さんも「あざと女子」上級者です。

「あざとテクニック」は性別を問わず、人間関係全般に使えるのです。

紆余曲折ありましたが、やっと「あざと女子」になる決心をしてくれた貴音さん。ここから「あざと女子」になるためのレッスンがスタートします。

では、効率的に意識を変えるために何をすればいいでしょうか。もう何度もお伝えしていますが、やはりいちばん手っとり早いのは外見を変えることです。

私は外見を整えることはお会いする相手へのサービス精神であり、何より自分のためにも最善だと思っています。

やり手の営業マンは取引先に商談に行くとき、その企業のイメージカラーをファッションのどこかに取り入れるといいます。ネクタイやハンカチにさりげなく企業カラーを取り入れることで会社への敬意を示すのです。自社のカラーを身につけてくれていると知ったら取引先もうれしいですよね。

婚活も同じです。ファッションやメイクを相手や場所に合わせて変えることができたらデートの成功率も格段にアップするでしょう。

ときに「ファッションもメイクも自分が好きだからやっていること。相手に合わせるのは媚《こ》びているようでいやだ」という意見も耳にします。

もちろん、そのとおりです。自分の好きなファッションを着ればいいのです。ただ、婚活は少々特殊な状況です。相手に合わせたファッションをすることは大人としての配慮ではないでしょうか。ファッションこそTPOが大事なのです。

「あざと女子」を目指すなら、ファッションもメイクも自分の武器だと思って場面によって使い分けてみましょう。

「あざと女子」のルール

RULE 39
メイクもヘアスタイルも日々アップデートを怠らない。

Takane's Story 05 ステーキをカットしたことが結婚の決め手

植草　ところで貴音さん。前回の男性とのお見合いで、いまいち会話が盛り上がらなかったいちばんの敗因はなんだと思いますか？

貴音　なんでしょう。やっぱり私が質問攻めしたせいでしょうか。

植草　貴音さんの表情。男性が冗談を言っても笑わずにムスッとしていたから、それで相手にお見合いがつまらないのかなって印象を与えてしまったみたいなの。

貴音　まぁ、たしかに、あまり面白くなかったので笑った記憶はないですね。男性のムダな雑談が多くて深い話し合いができないので、少しイライラしてました。

植草　貴音さん、よく覚えておいて。**「あざと女子」の辞書に不機嫌という文字はないの。**別に無理して笑う必要はないけれど、少なくとも、いま、この場を相手にも楽しんでもらおう、と寄り添う姿勢は大切よ。男性は話していて安心感を覚える女性が好きなの。それにね、貴音さんは、つねにジャッジしてる側の意識でいるけれど、同時にあなたもジャッジされていることを忘れないでください。貴音さんは評論家のようになってしまっています。自分で土俵に立って相手のまわしをつかんで戦わないと勝てませんよ。

貴音 まわし……！　そういえば、前にデートした男性とフレンチを食べにいったんです。相手の方がコース料理を予約してくれたんですが、私、それにケチをつけてしまいました。

植草 どうして？

貴音 コース料理は量が多いから苦手って。

植草 「あざと女子」のテクニックに思ったことを素直に口に出すというものがあるの。でもね、不機嫌な表情で言ったら、それはただの文句だし、相手を不快にさせるだけ。**「あざと女子」は素直な感情と相手を喜ばせる気持ちをセットで伝えるんです。**フレンチのコースが苦手だったとしても、「今日は素敵なお店を予約してくれて、ありがとう。せっかくコースも予約してもらったんだけど、私、少食だから、もしかしたら残しちゃうかも。そうしたら、ごめんなさい♡」って伝えるのであれば全然、印象が違うでしょう？

貴音 たしかに、それだと角が立たないですね。

植草 相手の気持ちを考えて言葉を選ぶの。あるいは「食べるの手伝ってもらってもいいですか？」とお願いするといいですよ。

貴音 初対面の人とそこまで近い距離になるのは、ちょっと……。

植草 いい話を教えてあげましょう。あるカップルがレストランでお見合いをすることになったんです。コース料理のなかでステーキが出たんですが、男性が慣れてないものだから、お肉をうまくカットできなかったのよ。それを見た女性がね、男性の代わりにカットしてあげたんです。この出来事がきっかけで、この2人はあっという間に成婚退会しました。

貴音　成婚したんですか？　ステーキを切ってあげただけで⁉

植草　彼、言ってたわ。「不慣れな僕を笑うことなく、やさしく手伝ってくれた。こんな心のやさしい人は、ほかにいない」って彼女に恋をしたと。

貴音　変わった人ですね。

植草　**相手のことを受容する広い心を持つと人間関係は好転するんですよ。**そのうえで相手が喜ぶ言葉をプラスできたら、あざと上級者です。

貴音は沙耶のことを思い出した。部長は彼女のプレゼンには人を楽しませたいという気持ちがあると言っていた。自分と違うのはそういうところなのかもしれない。

植草　**婚活でいちばん大事なのは自分から「あなたのことを受け入れますよ」というオーラを出すこと。**まずは自分から相手に寄り添う姿勢を見せる。そうじゃないと向こうから好きになってくれるっていうのは難しい。上から目線で評論ばかりする女性って全然かわいくないでしょう？　それを自覚しないとダメよ。

貴音　そんなオーラ、私に出せるでしょうか？

植草　大丈夫。ちゃんと言葉にすることでオーラが出てきますから。**「今日はお会いできてうれしいです」「写真で見るより素敵ですね」くらい息を吐くように言えるのが「あざと女子」よ。**別に「好きです」というような言葉は必要ないんです。たとえば、「ジャケットが素敵です」とか「その髪型、好きです」と、とにかく相手をほめる。ほめられてうれしくない人はいませんから。

貴音　いいですね、それ。それならできそうです。

植草　それでは、もうひとつ。貴音さんに宿題を出します。一日のうちで「ありがとう」と10回言うようにしてください。

貴音　10回も言うんですか？

植草　貴音さんの場合、20回を目指してもいいくらい。**「ありがとう」「素敵」「好き」「うれしい」。ハッピーな言葉をたくさん使っていきましょう。**「あざと女子」は必ずハッピーな言葉で相手を動かします。

貴音　やってみます。先生、ありがとうございます。

Uekusa's Advice

「あざと女子」は「ハッピーオーラ」に包まれています

さて、冒頭で出てきたコース料理問題がここにきて再浮上しました。デート相手にフレンチのコース料理を勝手に注文されてご立腹だった貴音さん。

お相手はわざわざ予約をしてくれているわけです。せっかくのご厚意を否定するのはちょっと気づかいが足りませんよね。でも、自分の気持ちはしっかり伝えたい。そんなときに使えるのが「あざと女子」のテクニックです。

「あざと女子」は伝え上手です。言いにくいこともポジティブな言葉に変換できるので、相手が不快になりません。

今回のコース料理問題も、貴音さんにレクチャーしたように、「私、少食だから、もしかしたら残しちゃうかも。そうしたら、ごめんなさい♡」と、最初に言うだけで、コース料理が苦手ということを相手に伝えることができます。もちろん、「今日は素敵なお店を予約してくれて、ありがとう」という感謝の言葉も忘れないこと。

幸せをつかめない人は他人の些細な行動にいらだち、不満を持ちます。

実際にマリーミーでもよくあるのが、「歩くのが速くて疲れた」「エスコートが微妙だった」「連絡が遅くてイライラする」など。

不満を持つのはしかたがないことですが、それを不機嫌な態度で示すのはいただけません。不機嫌さをアピールするために、わざと大きなため息をついたり、視線をそらしたり、ムスッとした表情をしたり。これは、まさに「察してちゃん」です。前のストーリーでも出てきましたね。

不機嫌なオーラを出してもあなたが得することはひとつもありません。なぜ、機嫌を損ねているのかがわからない以上、相手はリカバリーすることもできず、戸惑うだけ。あるいは「なんて失礼なんだ」と相手も不機嫌になるという最悪のパターンもありえます。

なぜなら、お相手とはまだ気心が知れていないのですから。

自分の機嫌は自分でとるのが幸せをつかめる女性です。

「あざと女子」の辞書に「不機嫌」の文字はありません。

そのためにも日ごろから貴音さんにお伝えしたような、ハッピーな言葉を率先して口にするようにしましょう。

仮にどうしても我慢できず、ポジティブに伝えることが難しいようであれば、「ごめんなさい。ちょっと体調が悪くなったので、今日は帰ります」などと別の理由を言って、終わりにすればいいのです。ケンカを吹っかけたり、わざわざ険悪な空気にしたりする必要はありません。目指すは、いつでも機嫌よくいられる「あざと女子」です。

「あざと女子」のルール

RULE 40
「あざと女子」の辞書に「不機嫌」の文字はない。

RULE 41
ハッピーな言葉を使い続ければ、人生は思いどおりになる。

Takane's Story 06
努力はアピールするもの？　隠すもの？

カウンセリングルームに現れた貴音を見て、植草は驚いた。
長い髪は下ろし、黄色いワンピースに身を包んでいる。スッキリしたデザインは細身の貴音によく似合っている。

植草　貴音さん、そのファッション、すごく素敵！
貴音　そうですか？　慣れないので違和感しかないのですが。
植草　髪も縛ってるより下ろしてるほうがずっとお似合いよ。そんなにきれいな髪なのに、どうして、いままでアピールしてこなかったの⁉
貴音　アピールするものだとは思っていなかったので……。
植草　絶対そっちのほうが素敵！　もう持ってるスーツは全部捨てちゃいましょう。
貴音　さすがにそれはできません。

貴音はやさしく微笑んだ。グレーのスーツを着ていたときは、こんなふうに笑う貴音を想像できなかった。

植草　それで、イメージチェンジした貴音さんは、お見合い、どうだったの？　もちろん、そのお洋服で行かれたんですよね？

貴音　はい。

植草　ちゃんと**「あなたと会うから、おしゃれしてきちゃった♡」って言えましたか？**

貴音　言ってません、そんなこと。恥ずかしいじゃないですか。

植草　「あざと女子」を目指すなら、それぐらい言えるようにならないと。仕事ができる女性って、なぜか自分が頑張ったことを隠そうとするのよね。努力は隠すのが美徳と日本人は思いがちだけど、アピールしないともったいないですよ。

貴音　頑張ってる、と思われるのって恥ずかしいです。

植草　でも、伝えなかったら、気づかれないままよ。**仕事もそうだけど、アピール上手が成功をつかむの。**それにしても、この感じでお見合いに行ったとすれば、いままでとは違う手応えもあったんじゃないですか？

貴音　はい。お相手が笑顔で迎えてくれるようになりました。そして先生に言われたとおり、私、上から目線でジャッジするのをやめました。それから、いきなり私から質問ばかりすることもやめました。質問するにしても、最初は趣味とか、カジュアルなものにして、できるだけ相手にも楽しんでもらうってことを意識するようにしました。

植草　うんうん。貴音さん、一歩前進しましたね。

貴音の表情が曇る。

貴音　先生……こんなによくしていただいて、こんなこと言うのはおかしいってわかってるんですけど。私、婚活を少しお休みしたいんです。

植草　えっ？

Uekusa's Advice

自己アピールは、やりすぎなくらいがちょうどいいです

大胆にイメージチェンジをした貴音さん。メイクとファッションを変えただけでグッと魅力的な女性になりました。

最初は外見を変えることに抵抗のあった貴音さんも大変身した自分の姿を見てまんざらでもない様子です。「40代女性の婚活攻略法」（241ページ）で、まずは外見から、という話をしましたが、その効果をはっきり実感したのではと思います。

ただ、貴音さんのようにせっかくイメージチェンジをしても恥ずかしくてアピールできないという人も多いですよね。たとえば、ロングヘアをバッサリ切ってショートカットにしたとき。周囲の人から「すごく似合ってる！」とほめてもらったとして、あなたならどんなリアクションをとりますか？

「そうかな？　見慣れないんだよね」「ちょっと気分転換したかったんだ」といった照れ隠しの反応はナンセンスです。**せっかくイメージチェンジをしたんだから堂々とアピールすべき。**

ほめてもらったら「うれしい！　ありがとう！」「前よりかわいくなったでしょ？」くらい大

げさにリアクションするぐらいがちょうどいいのです。

外見の変化だけではありません。仕事でも趣味でも、自分が頑張ったことはどんどん外に出していくべきです。

私はマリーミーの会員さんだけでなく、ラジオやセミナーなどを通じてたくさんの女性と話をする機会がありますが、控えめな女性が本当に多いと感じています。思わず「すごい！」と口に出してしまうような特別な資格や、普通の人にはない特技を持っていても、「いえいえ、全然そんなことないです……」と謙遜する方ばかりです。自分の強みをなぜか隠そうとします。

これは本当にもったいないことです。

まずは謙遜する癖を直しましょう。

そして、頑張ったことをほめられたら「ありがとうございます！」と笑顔で返します。

仕事でもなんでも同じです。待っているだけでは誰も気づいてくれません。**「誰かに気づいてもらえたらいいな」と思っているあいだにも、「あざと女子」はどんどん自己アピールをしています。**発信すればするほど人から応援してもらえることを知っているからです。

頑張っている自分を知っているのは自分だけ。

もっと大胆に自分を出していきましょう。

「あざと女子」のルール

RULE 42

頑張っていることは隠さない。どんどんアピールして応援してもらう。

Takane's Story 07 恋愛リアリティ番組の功罪

植草　婚活をお休みしたいって、いったいどうしたんですか？

貴音はノートパソコンを開くと、植草に見せる。新たなエクセルデータが作成されており、そこには「ありがとうグラフ」の文字。

植草　貴音さん、これは……？

貴音　毎日、自分が言った「ありがとう」の数を可視化してみました。足りなかった日は寝る前に壁に向かって「ありがとう」を言うようにしてるんです。

楽しそうに話す貴音を見て、植草は言葉が見つからなかった。

貴音　でも……こんなものをつくったところで、なんの意味もなかったです。私の「あざとテクニック」はまったく通用しませんでした。

植草　「あざとテクニック」？　どんなことをしたんですか？

貴音　「あざと女子」についてもっと学ぼうと思って。私、これを観たんです。

パソコンの画面に映像が流れ始める。

植草　これって……。

貴音　ご存じですか？　最近、若い女性に人気の恋愛リアリティショーです。動画サイトなどでたくさん配信されていて、こういうリアリティショーを観ていると恋愛テクニックの勉強になるかもしれないと思ったんです。出演者のなかには必ず、「あざといキャラ」の女の子がいるのも特徴です。その子の言動を徹底的に調べてまとめました。

貴音は、エクセルにまとめたデータを見せる。

貴音　私、こういう作業得意なので。で、このデータにもとづいて「あざと女子」の言動をお見合いでも再現したんです。……したんですが。

植草　うまくいかなかったのですね。

貴音　特別なことは何もしてません。ただ、自分の弱みをさらけ出しただけなんです。

植草　貴音さんの弱み？

貴音　じつは私……こう見えて、10年ほど前に一度だけ大恋愛した経験があるんです。彼は年下の料理人で、いつか自分のお店を開くという夢を持っていました。ある日、お店を開くためのお金が足りないから、少しだけ貸してほしいと言われたんです。彼の夢のためならと、私は喜んで貸しました。

植草　いくら貸したんですか？

貴音　400万円です。

植草　あら……。

貴音　でも、その直後、母親が病気になったから実家に帰らないといけなくなったと言って、彼は地元の北海道に帰ってしまいました。落ち着いたら、またこっちに戻ってくると言ってたのですが、それ以来、音信不通です。

植草　貸していたお金は？

貴音　一円も戻ってきていません。

植草　……。

貴音　落ち込みました、一年くらい。でも、考えていてもお金は返ってきませんし、時間のムダ。だから、もう後悔はしていません。

植草　それで、そのことをお見合い相手に話されましたか？

貴音　はい。恋愛リアリティショーでは抱えている弱みを打ち明けるシーンは鉄板で、このあと急速に2人の距離が縮まっていく……はずだったので、そのことを打ち明けてみたんです。でも、言った途端、相手の男性がどんどんテンションが低くなっていって。全然場も盛り上がらずに終わってしまいました。これだけ頑張って無理なら、もう私にはお見合い自体、向いてないのかもしれません。

植草　貴音さん。残念だけど、大きく間違っています。

貴音　えっ？

植草　**異性との関係を築いていくなかで、過去の恋愛話は絶対にタブー。**とくに失敗談はね。「あざと女子」だったら恋愛経験はひけらかしません。うまくはぐらかすのです。

貴音　でも、恋愛リアリティショーでは……。

植草　恋愛リアリティショーはフィクションです。演出が入ってドラマチックに見せているんです。もちろん参考になる部分もあると思うけど、鵜呑みにしたら痛い女性になるだけです。考えてみて。貴音さんが仕事で取引先に自社の商品の営業に行くとき、買ってもらいたい商品のメリットを精いっぱいプレゼンしますよね？　そのときにダメな部分を率先して伝えたら購買意欲だってなくなると思いませんか？

貴音　はい。

植草　**恋愛でも、まずは自分のいいところをプレゼンしなきゃダメです。**努力を隠しちゃダメっていうのも言ったでしょ。「あざと女子」はプレゼン上手。自分にとってプラスになることは言っても、デメリットになるようなことはわざわざ言わなくていいのです。

貴音　そんな……。

植草　たとえば、過去の男性にこっぴどく振られた、浮気された、お金をとられた、など雑に扱われていたことを明かすのはＮＧ。もちろん自分が浮気したとか、交際相手にひどいことをしてしまったとか、そういうこともわざわざ伝えなくていいです。**過去の恋愛の話で男性に伝えていいのは、いかに男性に大切にされてきたか、それだけ。**

自分の間違いに気づいた貴音は愕然《がくぜん》とする。

植草　ブランディングってとても大事なのよ。過去の恋愛を聞かれても、必ずしもすべて本当のことを答えなくていいの。**「あざと女子」は適度にミステリアスがいいのです。**

貴音　それを早く知りたかったです。

植草　でも、相手に心を開いて自分の話をするというのはすごくいい傾向ですよ。自分からどんどん自己開示をしてくれる人を、人は信頼するから。ただ、その自己開示の方向性を間違えちゃダメ。ネガティブな自己開示はある程度の関係値ができあがってからが鉄則です。

貴音　私、ものすごくズレてたんですね。

植草　**参考にするならアメリカの恋愛ドラマを観るのがおすすめですよ。**彼女たちの恋愛はものすごく大胆で積極的。奥手な貴音さんならあれくらい刺激の強いものを観たほうが勉強になるかも。ハグやキスみたいなスキンシップもアメリカ人にとっては普通のことでしょう？　貴音さんにそこまでしてとは言わないけれど、慣れておくといいと思います。それで軽いボディタッチくらいできるようになっちゃいましょう。

貴音　ボディタッチ！

植草　**「あざと女子」はボディタッチも効果的に使います。**たとえば、歩いてるとき、「あっちのほう見にいかない？」と言いながら袖を引っ張ったりね。

貴音　そういうのって見ていて恥ずかしくなってしまうんですけど、男性は引いたりしないんですか？

植草　露骨にやると品がないですが、さりげなく腕や手に触るぐらいなら全然ＯＫ。肩をツンツンしながら「ちょっとこれ見て」とかね。かわいいでしょ？

貴音　肩をツンツンぐらいなら、頑張れば私でもできる、かもしれません。しゃべるより、そっちのほうがまだ簡単に思えます。

植草　口ベタな貴音さんはボディタッチ作戦のほうがうまくいくかもしれませんね。それじゃ、婚活をお休みしたい、というのは聞かなかったことにしていいかしら？

貴音　はい、もう迷いません。

植草　それでは、次のお見合いについて話しましょう。

Uekusa's Advice

フィクションの恋愛テクニックを真に受けてはいけません

近年、恋愛リアリティ番組が大人気です。

ティーンから大人まで、あらゆる世代に向けて制作されているのを観て、その需要の高さに驚かされます。それほど人の恋愛模様は興味を引くコンテンツなのでしょう。

ああでもない、こうでもない、と言いながら恋愛リアリティ番組を観るのは楽しいですよね。

しかし、貴音さんのように影響されすぎるのは、ちょっと困ります。

恋愛リアリティ番組はリアリティと名前がついていますが、あくまでフィクションです。制作サイドは出演者をキャラクターづけして、ドラマチックに仕上げることが仕事です。視聴者に共感させるためにはそういった演出が欠かせないのです。

そんなフィクションの世界の恋愛テクニックを、現実世界でそのまま実行したらどうなるでしょうか。おかしなことになって当然ですよね。

もちろん、参考になる部分もあると思いますが、貴音さんの場合はダメな部分を真似してしまっています。それが「過去の恋愛話」です。

失恋の体験談をドラマチックに話したことで、お見合い相手は引いてしまいました。

貴音さんは過去の恋愛を打ち明けること＝心をオープンにする秘訣《ひけつ》、だと思い込んでいますが、それは違います。**婚活では過去のどんな恋愛話もできるだけしない、聞かないことが鉄則。**

好きな人のタイプなど恋愛傾向を話すくらいなら問題ありませんが、「過去にこんな人とつきあっていた」「こういうデートをしてきた」「こんなひどいことをされた」なんて生々しい話をする必要はありません。

仮にそれが貴音さんのように苦い恋愛経験だった場合、「この人は大事にされない女性なんだ」という印象をつけてしまいます。

また、**恋愛経験が豊富なことを匂わせてしまうと、「遊んできた人なのかもしれない」と誤解される可能性も。**遊び相手を探している男性にとっては好都合かもしれませんが、いずれにしても、「男性から大切にされたい」と願うなら、いい結果につながらない可能性のほうが高いのです。

とはいえ、「私、全然モテなくて」という自虐も男性には魅力的に映りません。

あけすけに答えずに、笑顔ではぐらかす、ぐらいでいいのです。

「あざと女子」はオープンな性格なので、過去についても包み隠さず話している印象があります。しかし、**じつは出すべき情報と隠すべき情報を会話のなかでしっかり使い分けています。**

ブランディング上手な「あざと女子」は自分の評価を下げそうな話題は絶対に出しません。賢い「あざと女子」ならではの戦略です。

もし気になる男性との会話で、過去の恋愛の話が出ても、あまり答えすぎないこと。「昔の話より、いまのあなたについて、もっと知りたいな♡」など、「あざとい」返し方で切り抜けましょう。

「あざと女子」のルール

RULE 43
恋愛リアリティショーの真似ごとをやめる。

RULE 44
「あざと女子」はブランディングを考える。
過去の恋愛については多くを語らない。

Takane's Story 08
運命の出会い

翌週の夜、貴音は男性会員のプロフィール画面を見ながら、どの男性にお見合いを申し込むべきか比較検討を続けていた。

容姿の整った男性、一流企業に勤めている男性、学歴が高い男性……。

条件だけで見れば素敵な男性は少なくないが、いまいち、どの男性もピンとこない。

ページをスクロールしながら頭を悩ませていた貴音の手が、ふと止まった。

見覚えのある顔がそこにはあった。

貴音　これって、まさか、山田さん？

人のよさそうな笑顔で写真に写っていた男性は間違いなく先月、友人に紹介してもらってデートをした山田だった。

貴音　また、こうやって山田さんに会えるなんて思いませんでした。

　貴音は紅茶をひと口飲むと、そう言って少し笑った。

山田　いや、僕のほうこそ、まさか貴音さんからこうやって申し込んでもらえるなんて。正直、びっくりしました。結婚相談所、利用されていたんですね。

　2週間後、貴音はホテルのラウンジで山田とお茶をしていた。
　山田は気まずそうにコーヒーカップを見つめている。

貴音　なんでマッチングしてくれたんですか？　てっきり断られるかと思った。
山田　いやー、僕もあのあとにやっぱりもう一度お会いすればよかったかなって……。
貴音　私、先日のデート、とっても失礼でしたよね。ごめんなさい。
山田　いやいや、あれは僕が貴音さんを楽しませられなかったのがいけないんです。
貴音　いえ、私があんな態度だったから当然だと思います。
山田　なんだか僕たち謝ってばかりですね……とりあえず甘いものでも食べませんか？

山田のやさしい表情につられて、思わず貴音も笑顔になった。
翌日、植草のカウンセリングを受ける貴音の表情は明るかった。

植草　それで、お知り合いだったという山田さんとのお見合いはうまくいったようですね。
貴音　最初に悪い印象を与えていたので、どうにか挽回《ばんかい》しようと思って必死でした。
植草　**すぐ謝れるのが「あざと女子」です。**素直になれてよかった。貴音さん、彼のことが気に入ったんですね。
貴音　居心地がいいというか、お話ししていると気楽だし、楽しいです。
植草　彼がどう思ったのか知りたい？
貴音　もう先生のところまで情報が入ってるんですか？
植草　もちろん。
貴音　教えてください！
植草　仮交際に進みたいそうですよ。彼もあなたと同じようにバリバリ仕事をしてきた人だから、貴音さんの合理的な面に共感する部分も多いんじゃないかしら。生活スタイルもこれまで歩んできた人生にも似たものがあるし、案外、うまくいくかもしれない。
貴音　私、全然ダメだと思ってたのに……そんなこともあるんですね。

植草　貴音さん、ホッとしたんじゃない？

貴音　はい。よかったです。

植草　当然、仮交際を希望するってことでいいんですよね？

貴音　うーん……どうしよう～。

植草　どうして？　せっかくお互いにいい印象を持っているのに。

貴音　先生。こんなこと言ったら怒られるかもしれませんが、彼の人間性は好きなんですが、ファッションが好みじゃないんです。

Uekusa's Advice

謝ろうかどうしようか考えている時間が、いちばんムダです

失礼な振る舞いをしてしまった相手に謝るというのはなかなか勇気のいることです。もし謝罪を受け入れてもらえなかったら……と躊躇した経験は誰にもあると思います。

他者とトラブルになって謝罪をするとき、普通は「どうやって謝ろう」「いつ謝ろう」など、いろいろ考えてしまうものですが、「あざと女子」は違います。

謝ることに躊躇しません。自分が悪いと思ったら時間を置かずにサッと謝ります。すぐに謝ることが相手にとっていちばんの誠意であることを知っているからです。モタモタ考えて悩むくらいなら勇気を出して謝る。これができたら、「あざと女子」レベルはかなり高いといえます。

謝るときは、もちろん相手の顔を見て直接謝罪するのがベストです。

トラブルの原因にもよりますが、相手の心からの謝罪を無下にする人はそういません。申し訳ないという気持ちはちゃんと伝わります。

婚活の現場では、マッチングしたカップルが些細なことでトラブルになることは少なくありません。カウンセリングでトラブルの発端について話を聞いてみると、お互いさまと思うケースもあれば、どちらか一方が失礼をしてしまったケースなど、原因はさまざま。

修復不能なくらい決定的なトラブルがあった場合は別ですが、まだリスタートの余地がありそうな場合は、私はもう一度、話し合うことをすすめています。

たいていの人はトラブル直後は怒りで頭がいっぱいですが、時間がたつにつれて徐々にトーンダウンしていきます。だからこそ冷静になって考え直してほしいのです。なぜなら、婚活は基本的に一度、縁が切れてしまえば、それで終わり。

今回の貴音さんのように、もう一度チャンスが巡ってくるというのはレアケースです。勢いであっても、別れを告げてしまったら、そのあと、やり直しはきかないことがほとんどです。

とはいえ、実際にこんなケースもありました。

ある結婚相談所で、素敵な人とマッチングしたものの、タイミングが合わずに破局してしまった女性がいました。その後、その女性は私のもとで再び婚活を始めたのですが、どうしても前の彼のことが忘れられずにいました。ある日、ついに「もう一度、彼と会うチャンスが欲しいんです」とリベンジを懇願してきたのです。

そこで、私はお別れした彼が所属する相談所にもう一度、お会いしたいとお願いしました。女性の気持ちをしっかり伝えたところ、なんと、お相手ももう一度、会うことを承諾してくれたのです。

そもそも破局した原因がお互いの多忙によるすれ違いだったこともあり、彼にも未練があったようです。もし、これが性格的に合わないということであれば、再会は実現しなかったでしょう。

こういう出来事に遭遇すると、つくづく婚活では何が起きるかわからないと、考えさせられます。

「あざと女子」を目指すなら、ダメもとでもとにかく行動しましょう。

何もしないより、まずは行動してみる。

そのときに他人からの見え方や自分のプライドを優先してはいけません。

自分がどんな未来を描きたいのか、大事なのはそれだけです。

「あざと女子」のルール

RULE 45

「あざと女子」は素直に謝り、謝罪を受け入れる。

Takane's Story 09 私服がダサくてフラれる男たち

植草は驚いた。
この期におよんで、貴音が相手の見た目に文句があるとは！

植草 見た目については最初に会ったときにわかっていたことでは？
貴音 説明させてください。前回は彼、スーツだったんです。でも、昨日は私服だったから、私が言うのもなんですが……ダサかったんです。チェックシャツの上にガシャガシャ音のする黒いジャケットを着て、下は着古したデニムです。シャツもシワが寄ってて清潔感がなくて。スーツのときと雰囲気がかなり違うなって。仕事着でお見合いに行っていた私が何を言うのかと思われるでしょうが、ダサかったからこそ思うんです、もっと頑張ればいいのにって。
植草 貴音さん。
貴音 わかってます。ワガママですよね。でも、本気で山田さんのこと考えているからこそ気になってしまったんです。

植草　別に怒らないですよ。意外とあるあるなの。婚活の現場で「デートに現れた男性の服装がダサくて帰りたくなった」という女性からの報告。貴音さんのように**スーツから私服になった途端、フラれる男性って少なくないですから。**

貴音は自分以外にも仲間がいると知り、少し安心する。

植草　昔、こんな男性がいたんです。大企業勤務で資産も多くお持ちでしたが、ものすごくダサかったんです。髪は数か月切らない、下着も靴も何年も同じものを使い続けてヨレヨレ。当然、女性からの評判は最悪でした。どれだけお金を持っていようが清潔感がない人はモテません。ひとりだけ交際に進んだ女性がいたんだけど、高級レストランでのデートにも汚いシャツで現れて女性は激怒。食事もせずに帰って、そのまま交際終了になりました。

貴音　その男性はどうして直さなかったんでしょうか？

植草　身なりにお金を使うのが、どうしてもいやだったんですって。いわゆるドケチね。

貴音　もったいないですね、経済力があるのに。

植草　でもね、私は女性にもこう言いたいんです。**相手のファッションやルックスなど表面的なことで悩むのってムダよ。**

貴音 えっ、ムダ？

植草 身なりに気を使わない男性ももちろんよくない。お見合い相手に対する配慮が足りていません。でも、女性だってそんな表面的な部分だけで男性を判断しようとするのは浅はかです。洋服や髪型、しゃべり方やエスコートがどうのとかっていうのは超表面的な要素にすぎません。「服装が気に入らない」ことを理由に拒否していたら、婚活は長引くでしょうね。

貴音 でも、どうすればいいんですか？ 服装がダサいなんて本人には言えないですし。

植草 そこを上手に誘導するのが「あざと女子」のテクニックです。**「あざと女子」は相手を自分好みにプロデュースする。**いま、貴音さんが言った見た目で気になるところって、すぐに変えられるものばかりじゃないですか？

貴音 たしかに、そうですけど。

植草 彼がドケチで外見にお金を使いたくないタイプなら、ここでやめたほうがいい。そんなに頑固な人だと、きっと結婚生活でも苦労させられるから。でも、まだわからないでしょう？改善の余地が期待できるなら、ひとまず一緒に買いものに行ってみたらどうかしら。

貴音 買いものですか？

植草 そう。一緒に買いものに行って「○○さん、この服、似合いますね♡」と誘導するのです。試着したら、さらにこれでもかってくらいほめまくる。「かっこいい」「その服を着た○○

さんとデートしたい」とかね。賢明な男性ならその場で買いますよ。

貴音 なるほど……。

植草 そういえば、昔、成婚退会した男性会員さんが挨拶にいらしたとき、一気に垢抜けていたことがありました。理由を聞いたら、お相手の女性が、彼のパンツが全部ボロボロだってことに気づいて、彼のパンツを勝手に全部捨てちゃった、と言うの。

貴音 えっ。それはちょっとやりすぎでは。

植草 ところが、その彼女はとっても「あざとい」女性だった。「○○さんのためにきれいなパンツ買ってきたよ♡ 全部入れ替えておいたからね♡」と言って、彼を納得させちゃったんです。

貴音 彼はそれでいいんですか？

植草 細かいところに気がつく素敵な女性だって喜んでましたよ。ポイントは新しい洋服を買ってきたってこと。**彼のためを思って行動したということが評価されたのね。**外見を変える方法はいくらでもありますよ。

貴音 でも、私、そもそも自分のセンスに自信がありません。いまどきのブランドも知りませんし、彼に似合う服とか全然わからないです。

植草 情報収集とデータ分析は得意分野でしょう？ 貴音さんならファッション雑誌を研究す

れば、すぐに彼のファッションリーダーになれますよ。

貴音 彼のファッションリーダーに……。

植草 ちなみに、相手の体型が気になるという相談も多いんです。独身男性は食生活が乱れている人も多いですから。だから、私は婚活する男性に対して「体型維持はモテの基本」と伝えているんです。**だらしない体型は婚活市場で圧倒的に不利。**結婚したいならシェイプアップしてくださいって口酸っぱく言っています。

貴音 私も気をつけないと。「あざと女子」だったら、その情報をさりげなく彼に見せて誘導するんですね。

植草 それもいいんですが、もっといい方法があります。**彼と一緒に運動するのよ。**

貴音 一緒に？

植草 過去に彼の体型をどうにかしたいと悩む女性がいたの。そこで、彼女は彼を誘って同じジムに入会したんです。運動しながらデートにもなって一石二鳥でしょ。やせるたびにほめ続けたら見事、男性はシェイプアップに成功。２人は成婚退会していきました。

貴音 プロデュース大成功ですね！

植草 ほかにも外見プロデュースの実例はたくさんありますよ。たとえば、**最近、多いのは毛問題ね。**毛深い男性が苦手な女性って多いでしょう。婚活の現場でも毛深い男性って不人気なんです。デートの最中に毛深い腕がチラッと見えていやになっちゃった、なんて方もいるくらいですから。

貴音 それはセンシティブな問題！　どういうアドバイスをしたんですか？

植草 「脱毛するのはどう？」と提案しました。

貴音 えっ！

植草 さすがにお相手の女性から言いづらいから、私からオブラートに包んで男性に伝えました。そうしたらご自分から脱毛サロンを探して行ってくれたの。２人は見事、成婚したわ。

貴音 そこで素直に脱毛できる男性も素敵ですね。

植草 **柔軟に行動できる人は男女ともに幸せをつかめるんです。**

Uekusa's Advice

いま、ダサい人ほど、垢抜ける可能性を秘めています

「性格はすごく合うけどファッションセンスが……」

「とてもいい人だけど太っているのが……」

など外見的な欠点がネックになって交際に発展しないことがよくあります。

この本でも繰り返しお伝えしていることですが、見た目の印象はとても大事です。それは容姿がすぐれているかどうかという話ではありません。ある程度、年齢を重ねたら、ルックスの美しさはそれほど重要ではないと気づきます。


大事なのは、普段から外見に気を使っているか、清潔感を保てているかということなのです。


つまり、現時点で見た目に気を使えていないことはマイナスポイントではありますが、見方を変えれば大きな伸びしろがあるともいえます。そこを見逃さないのが「あざと女子」です。

むしろ、ファッションに頓着がない人なら、これからいくらでも自分好みに変身させることができます。実際にそうやって大変身させる「あざと女子」を、私は何人も見てきました。


そんな変身させ上手な「あざと女子」たちにはある共通点があります。それは自分も一緒に

外見磨きをすること。やせてほしい、おしゃれになってほしいと一方的に言っているだけでは何も変わりません。それどころか、相手からしてみたら「どうしてそんなに言われないといけないんだろう」とネガティブな気持ちになってしまう可能性もあります。だからこそ、「一緒に」が大切なのです。

本編ではフィットネスジムと脱毛サロンの例をご紹介しましたが、歯列矯正をしている状態で来られた方も多くいらっしゃいました。

あるカップルのエピソードです。とても相性のいいお2人で、このままトントン拍子で成婚されるかと思っていたのですが、ある日、女性からご相談がありました。それは「彼の歯がどうしても気になってしまう」というもの。たしかに、その男性はお世辞にも歯並びがいいとはいえませんでした。

そこで、私から男性にお話しすることにしました。「彼女はあなたの健康面をとても心配している。歯列矯正をしてみてはどうか」と提案したのです。

すると、男性は「わかりました」と言ってすぐに歯列矯正を始めたのです。その費用は決して安くはありません。でも、彼は彼で彼女の期待に応えたかったのです。

彼のその姿に大感激した彼女。歯列矯正が終わる前に2人は成婚退会しました。一所懸命変わろうとする気持ちは人の気持ちを動かすのです。

とはいえ、**相手を変身させたいなら、自分自身を日々磨いておくことも忘れずに。**
美容や健康の情報をいち早くキャッチするのも「あざと女子」に必須のスキルです。

「あざと女子」のルール

RULE 46

「あざと女子」は自分好みに相手を変える。
相手を変えるために時間とお金をかけることを惜しまない。

Takane's Story 10 「あざとい」で、仕事だってうまくいく

植草　いままで男性の美意識についていろいろお話ししたけれど、女性だってそうです。**美容への意識をもっと高く持つべき。**

貴音　私も美容についてはまだまだ勉強中です。たとえば、どんなことをすればいいんでしょうか。

植草　**とくに重要なのは「お肌」。**シミがあって目立つなら、美容皮膚科でとってもらうといいと思います。ほかにも気になる箇所には、美容医療を積極的に利用するのが有効です。

貴音　美容医療ですか。そっちはまだ全然未知の領域です。

植草　**美容意識が上がり、見た目が変わると相手の態度の変化も手にとるようにわかると思います。**ある30代の女性は婚活を始めてから美意識がものすごく高まって、自分で調べていろんなことを取り入れるようになってから、みるみるきれいになったの。その結果、1時間のはずのお見合いで2時間延長されていました。

貴音　それだけ相手から魅力的に映ったということですね。うらやましい……。

植草　「あざと女子」は人からどう見られているかを、つねに意識しているから、美容に関するアンテナも人一倍張っています。自分磨きに余念がないのよね。仕事やプライベートがどんなに忙しくても、お手入れの時間はしっかりとる。そういう意味では、**「あざと女子」は時間の使い方が上手とも言えますね。**

貴音　時間の使い方には自信があるのですが、あらためて意識してみます。

貴音は彼と仮交際するようになってから毎週土曜日はデートの日になった。
以前は会社に行って仕事をするか、資格の勉強をするかだったのに、この数か月でガラリと変わったのが自分でも不思議だ。
いまはファッション雑誌のチェックやメイクの研究など、仕事以外のことに時間を使うのが楽しい。

貴音　あれ、沙耶さん？

彼とのデートが終わった土曜日の夜、忘れものをとりに会社に寄ると沙耶がいた。

沙耶　あ、道谷さん。お疲れさまです。どうしたんですか、こんな時間に。
貴音　それはこっちのセリフよ。私は忘れものをとりに来ただけ。沙耶さんこそ何してるの？
沙耶　仕事が終わらなくて。無念の休日出勤です。

沙耶をよく見ると顔色が悪い。髪もパサついている。いつも身ぎれいにしていたのに、こんな状態になるなんて、相当、追い込まれている証拠だ。

貴音　そんなに大変なら相談してくれればよかったのに。どうしてひとりで抱え込んでるの？
沙耶　みんな自分の業務で忙しいですから……。

そう言われて貴音はハッとする。沙耶は自分に気を使っていたのだ。先輩である貴音を差し置いてプロジェクトに抜擢《ばってき》されたら周りの視線も気になるだろう。積極的に周りを頼ることができなくても当然だ。

沙耶　まぁ、でも、大丈夫です。あと少しの辛抱ですから！

沙耶はそう言って無理な笑顔をつくってみせた。

植草　自分のことばかりで周りが見えていないのよ。お相手を大切にしない人はお相手からも大切にしてもらえないですよ。

いつか植草に言われた言葉が頭に響いた。貴音は沙耶の隣に座る。

沙耶　道谷さん？
貴音　手伝うわ。一緒にやりましょう。
沙耶　えっ、でも。
貴音　そうだ。ほかのメンバーにも連絡しましょう。沙耶さんがこんなに頑張ってるなんて、きっと知らないでしょう。チームなんだから、オーバーワークだってこと、ちゃんと伝えなきゃダメよ。
沙耶　いやいや、ダメですよ、そんなこと。
貴音　このままだと沙耶さんがつぶれちゃう。大丈夫よ。沙耶さんが「大変だから手伝って」って言えば、みんな喜んで手伝ってくれるから。

沙耶 道谷さん。

貴音 何？

沙耶 なんか意外です。こんなにやさしくしてくれると思わなかったので。でも、ありがとうございます。気持ちがすごく楽になりました。

貴音 どういたしまして。

貴音は自分のデスクからチョコレートの箱を取り出す。

沙耶 あ、これ。

貴音 あとで食べようと思って、あのとき、とっておいたの。一緒に食べましょう。

危うくまた周りが見えずに後悔するところだった。後輩の努力を支えたいと、貴音は本気で思った。

Uekusa's Advice

その場だけとりつくろおうとしても、相手には気づかれています

仕事ひと筋だった貴音さんも、いまやすっかり美容やファッションに興味津々。仕事だけに打ち込んでいたときよりずっと素敵な女性に見えます。それもそのはず、好奇心旺盛な人は往々にして魅力的に映るものです。

貴音さんのように婚活をきっかけに視野がぐんと広がる方は多いです。それまでレストランやデートスポットにまったく興味のなかった人が、婚活を成功させるために一所懸命調べるわけですから、必然的に関心の幅は広がっていきます。

レストランのリサーチやプレゼント選びも、真剣にやろうと思ったらそれなりの勉強が必要です。ネットや雑誌で調べたり、くわしい人から話を聞いたりすることもあるでしょう。とはいえ、**単純に最新のトレンドを把握していればいいというわけではなく、お相手の好みはもちろん、アクセスしやすい場所も考えて候補を絞らなければいけません。**

こう聞くと、「婚活でデートをするって、なんだか面倒くささそう……」と思いませんか？

そうなんです。デートをするって結構大変なことなんです。一緒に楽しもうという気持ちでデートが成立するのは学生まで。婚活でのデートは相手の気持ちに寄り添うことが重要なのです。

貴音さんも**婚活を通じて「相手の気持ちに寄り添って考える」ことが自然とできるようになりました。**その結果、職場で悩んでいる後輩にいち早く気づき、手を差し伸べることができたのです。以前の貴音さんだったら、きっと「社会人なんだから大変なのは当たり前。甘えるなんて言語道断！」くらいは言っていたかもしれませんね。

たまに「デートのときだけいい顔をしていればいい」という方がいます。相手に見られていないときはどんな振る舞いをしてもいいという考えです。それで婚活がうまくいくならいいのかもしれませんが、おそらくそうはならないでしょう。なぜなら、普段の言動は必ずどこかで表に出てしまうからです。婚活の場だけとりつくろうほうが難しかったりします。それなら、むしろ**日々、相手のことを考えるように心がけて行動したほうがずっと楽です。**

最初は大変かもしれませんが、「あざと女子」になるために、ぜひ実践してみてください。

RULE 47

「あざと女子」のルール

いま、誰がどんな言葉を求めているか、つねに考え、行動に移す。

Takane's Story 11
結婚相談所では複数交際もひとつのルール

植草　う～ん。困ったわ。

植草はマリーミーのカウンセリングルームでひとり、頭を抱えた。
目の前のパソコンには貴音からのメールが表示されていた。

貴音　先生、こんにちは。ご機嫌いかがですか？　昨日は彼とショッピングに行きました。私が選んだ服をその場で買ってくれたんですよ。彼のファッションリーダーになれたようでうれしかったです。やっぱり彼はシックな色合いが似合います。それでは今日もカウンセリングお願いします。のちほど伺いますね。

植草　貴音さんが、こんなにルンルンしたメッセージを送ってくるなんて。

ここ数週間で貴音の雰囲気は大きく変わっていた。ファッションは洗練されて、雰囲気は角がとれて、以前より表情も柔らかくなった。きっとそれが本来の貴音の姿だったのだろう、と植草は思った。

植草　順調だからこそ貴音さんに伝えないといけない。ショックを受けないといいんだけど……。

カウンセリングルームにやってきた貴音は見るからに幸せいっぱいという表情だ。

貴音　先週は一日デートしました。水族館と足湯に行って楽しかったです。

植草　そうですか、それはよかったわね。

貴音　それで先生。私、彼ともっと関係を進めたいです。真剣交際の調整をしてもらえませんか？

貴音はうれしそうに笑う。植草は意を決して貴音に切り出す。

植草　貴音さん、そのことなんだけど。ちょっと聞いてほしいことがあります。
貴音　なんですか？
植草　じつは彼、貴音さんのほかに、交際中の、ほかの相談所の女性が複数いらっしゃるようです。
貴音　えっ？

貴音は頭が真っ白になった。

植草　貴音さんもわかっているとは思いますが、**仮交際中の同時進行は結婚相談所では普通のことです。**

もちろん知っていたが、貴音の場合、複数の相手と同時進行することは無理だと思い、最初から頭になかった。そんなルールがあることも、すっかり忘れていた。

植草　彼も真剣に結婚を考えているからこそ同時交際を選んだんだと思います。だから、もうしばらく彼に時間をあげられないかしら？

貴音　やっぱり私には勝ち目なんてないんでしょうか。

植草　そんなことありません。

貴音　最初にいやな態度をとってしまって引かれたのはもう変えられないし、どれだけ挽回しようって頑張っても結局、私には「あざと女子」なんてほど遠いし……。

植草　そんなこと言わないで。こんなに頑張ってきたのだから、もう一歩、諦めずに進めていきましょう。

貴音　もう婚活に疲れました。今日は帰ります。

貴音が荷物を持って立ち上がる。

植草　貴音さん。

貴音　……失礼します。

貴音は静かにカウンセリングルームから出ていった。

Uekusa's Advice

一気に結論を出さず、タイミングを見計らうことも、「あざと女子」のテクニックです

貴音さんの婚活もいよいよ終盤ですが、このタイミングでちょっとした波乱が起こってしまいました。うまくいっていると思っているときに、こうしたトラブルが起きると、「もうダメなんだ……」と一気に気持ちが落ち込んでしまいます。いまの貴音さんは、まさにそんな状況です。

「あざと女子」は切り替えが早いとお伝えしてきました。だから「これ以上進んでも意味がない」と判断したら、さっさと次に行きます。自分の時間をムダにしないためです。

一方で、**いつ、何が起きても臨機応変に対応できるよう準備しておくのも「あざと女子」のテクニックです。**

今回起きた出来事は貴音さんにとって予想外のことでした。貴音さんは相手の行動に強い不信感を覚えます。でも、彼がしたことは、結婚相談所が決めたルールの範囲内での行動。複数

交際で天秤《てんびん》にかけられることは実際の婚活でもよくあること。誰もが真剣に結婚相手を探しに来ているので、そうした状況も当然ありえます。

婚活の統計に照らし合わせて考えたら、40代女性というのは厳しい戦いになることも少なくありません。貴音さんもすでに諦めムードです。

でも、誰を選ぶか最終的に判断するのはお相手。であれば、急いで結論を出す必要はありません。相手の出方を待ちつつ、新しい出会いに目を向けてもいいのです。

もしお相手が自分を選んでくれたなら大成功。選ばれなかったら、そのときは準備していた新しい出会いに一気に舵《かじ》を切ればいいだけ。どのタイミングでも好きに動けるように準備しておくのが「あざと女子」のやり方です。

貴音さんの婚活も、まだ終わりと決まったわけではありません。形勢逆転の可能性は十分あります。普段はフットワーク軽く、でも、ここぞというときは絶対に引かない粘り強さを持つ。

それが「あざと女子」です。

RULE 48

「あざと女子」のルール

「あざと女子」は諦めない。どんな状況でも奇跡を起こすために行動する。

Takane's Story 12 先に愛して、2倍にして返してもらう

貴音は公園のベンチにひとりで座っていた。まっすぐ家に帰る気にもなれない。

貴音 なんだったんだろう、この数か月間……。

貴音の目の前を子どもたちが騒ぎながら通り過ぎていく。貴音は植草との会話を思い出す。

植草 貴音さんは、もっと自分の気持ちを素直に出す練習をしたほうがいいわね。

貴音 まだ素直じゃないですか?

植草 **「あざと女子」はそんな程度ではありません。自分の願望を全部口に出します。**あれが欲しい、これが欲しいと。貴音さんはまだどこかにプライドを持っていて、かっこいい女性でいたいように見えます。彼のことを思う気持ちがあるなら、「私はあなたのことがとっても気

になっています」くらいは言わないと。

貴音 女性からそれを言うのって、ありなんですか？　好きとか、そういう言葉は男性が言うのを待ったほうがいいような気がしますけど。

植草 **愛を伝えるのは男性からじゃないといけない、なんてルールはありません。**ただ、「あざと女子」を目指すなら、言葉ではなく、態度で出し惜しみなく愛を伝えましょう。

貴音 駆け引きみたいなものは、しなくていいんですか？

植草 「あざと女子」は、自分から「好きです」とは言わず、男性にそう言ってもらうためのお膳立てをすべてやるんです。男性は意外と繊細だから、わかりやすいぐらい好意を態度で示さないと自信が持てない生きもの。**「あなたのことを大切に思っています」という気持ちを素直に伝えてみてください。そうしたら、いつか2倍になって返ってくるから。**何かを得たいのであれば先に与えること。もちろん、最初から見返りを期待しちゃダメよ。貴音さんの素直な心で相手にぶつかりましょう。

貴音 私にできるでしょうか。

植草 「あざと女子」なら、きっとできるわよ。

もう彼との結婚は無理かもしれない。

でも、それならせめて最後は「あざと女子」になり切ってみるのもいいかもしれない。貴音はスマホに手を伸ばす。

貴音　もしもし。貴音です。先日はありがとうございました。……いえ、とくに用はないんですけど。

電話の向こうからいつもの穏やかな彼の声がする。言うなら、いましかない。

自分を、そして人生を変えるために、貴音は勇気を振り絞った。

貴音　急に……あなたの声が聞きたくなっちゃったんです。私、山田さんにまた会いたいんです！　いまから、いまから会えませんか!?

Uekusa's Advice

「損して得とれ」の精神で何倍ものリターンを狙いましょう

すっかり戦意喪失してしまった貴音さん。失意のなかで、ある言葉を思い出します。それは、「あざと女子」は出し惜しみせず態度で愛を伝える、というものです。

「あざと女子」はいいとこどり。自分が欲しいものを戦略的に手に入れます。そのため、ただ「欲しい」と口にしているだけではありません。

「あざと女子」が先に与えているからこそ結果的に欲しいものが得られるようになっているのです。ここまで読んでいただいた方には、それが十分伝わっているはずですよね。

率先して人に与えることができる人は、思ってもみない恩恵を受けることがあります。「あざと女子」は、それをよく理解しているので、人に与えることに抵抗がありません。

困っている人がいれば手を貸すし、あらゆることを受け入れます。

私の知っている「超あざと女子」は先に彼に1万円くらいのプレゼントをあげて、「お返しは何が欲しい?」って聞かれたら、すかさず「このバッグが欲しい♡」って5万円くらいのものをおねだりしていました。

この例は極端にしても、先に与える、を意識すると、のちのちラッキーが舞い降りてくることがあります。

もちろん、**戻ってこなくても、自分が相手に与えたことは決してムダになりません。**

そんな「あざと女子」とは対照的に、何かを与えることを極端にいやがる人もいます。

「自分ばっかり損をするのはいやだ」という意識が働いているせいです。そういう人はたいてい他者が得することにも敏感です。

「あの人ばかり得してずるい」

「どうしてあの人ばかりいい思いをするの？」

そう考える気持ちもわからなくはありません。でも、想像してみてほしいのです。自分の損得しか考えていない人に何かをしてあげたいと思うでしょうか？　何かしてあげようと思えるのは、普段から出し惜しみなく手を差し伸べてくれる人のはずです。

婚活も同じです。「与えてもらって当然」と思っているかぎり、自分のために動いてくれる人とは出会えないでしょう。

まずは自分が相手のために何ができるかを考えてみてください。

そして、実際に行動に移してみること。それを続けていれば、いつか自分がしてきたことが何倍にもなって返ってくるはずです。

それこそが、「あざと女子」が最終的に得をして自分の希望どおりの人生を歩める秘訣なのです。

ここにいたるまでに、貴音さんは外見も内面もとても変わりました。

あとは**余計なプライドを捨てて相手のために行動できるかどうか**、だけです。

貴音さんの素直な心は彼に届くのでしょうか？

「あざと女子」のルール

RULE 49

愛情は先に与えて倍返ししてもらう。与えることを惜しまない。

Takane's Story 13
「あざとい」は死ぬまで使えるテクニック

結婚相談所で活動を始める人がいちばん多いのは9月。

クリスマスのプロポーズを目指して3か月で決着をつけようとする人々が婚活をスタートさせる。

秋になると人肌恋しくなったり、「今年中に相手を決める！」「バレンタインは恋人と一緒に過ごしたい」と意気込む人も。

マリーミーは例年どおり、秋からバレンタインまではとくに激動で、植草のもとには相談者からのメッセージがひっきりなしに届き、休む暇もないほどだった。

そんな一大イベントを終えて、ようやくいつもの日常が戻ってきた2月のある日曜日。

植草は貴音に渡す食器セットを準備していた。

マリーミーでは成婚退会のお祝いとして高級ブランドの食器セットをお渡しするのが通例だ。

「貴音さん、本当に頑張りましたね」

貴音が電話で思いを伝えたあの日。植草のもとに山田から連絡が入った。ほかの2名の女性との仮交際を終了して、貴音との真剣交際に入りたいという申し出だった。
植草は先週の貴音との会話を思い返していた。

貴音 先生、山田さんが私を選んでくれた決め手はなんだったんでしょう？

植草 「声が聞きたくなっちゃった」という貴音さんからの電話。あの効果が絶大だったみたい。絶対にそんなことを言わないであろう貴音さんから、か細い声でそんなこと言われたら、そりゃグッときたと思います。最後の最後に究極の「あざとテクニック」を繰り出すなんて、貴音さんもやりますね。

貴音 あの電話が……勇気を出して私、本当によかったです。

植草 **結局、最後に勝つのは嘘偽りのない純粋な思いです。**貴音さんの相手に届いてほしいという一所懸命でまっすぐな気持ちが山田さんの心を動かしたのね。これで貴音さんの「あざと女子」レッスンも終了です。

貴音 なんだか感慨深いです。

植草 安心するのは早いわよ。

貴音 えっ？

植草 「あざとい」はテクニックであり、習慣。学び続けて体に染み込ませないと。そもそも結婚は幸せのゴールじゃない。ここから始まるんです。「あざと女子・結婚生活編」です。**「あざとい」は死ぬまで使い続けましょう。**

そのとき、マリーミーの扉が開いた。

「遅くなってすみません！」

現れたのは山田と貴音だった。はにかみながら手をつなぐ2人の姿は幸せそのものだった。

「お祝いの時間にしましょう」

植草は立ち上がった。

マリーミーにも春が訪れようとしている。

Uekusa's Advice

結局、ストレートな表現が相手の心にいちばん刺さります

どうなることかと思った貴音さんの婚活も見事ハッピーエンドを迎えました。

「あざと女子」から最もかけ離れた存在だった貴音さん。入会したばかりのころは、こだわりの強さが災いし、婚活も苦戦続きでした。

しかし、「あざと女子」になることを決意してからというもの、外見も内面もどんどん変化していったのです。婚活中はトラブルもたくさんありましたが、それらを一つひとつ乗り越えてきました。だからこそ、素晴らしい出会いを手にすることができたのだと思います。

最終的に貴音さんがお相手の心を射止めた要因は電話でのひと言。**好きな相手に素直に「会いたい」と伝えたことが決め手になったようです。**じつは、このエピソードも実際の出来事にもとづいています。

その女性会員さんは入会したときから「あざとさ」全開でした。視野が広く、気配りができてほめ上手。結婚相談所に入ったのは効率的な結婚をしたいという、なんとも彼女らしい理由

からです。そんな女性なので、お見合いをすれば、お相手はみんな彼女に好意を抱きます。また、行動力も素晴らしく、カウンセリングで私がアドバイスしたことは即座に実行。すぐにフィードバックをくれるので、ものごとがどんどん進んでいくのです。

まさにムダのない婚活でした。

そんな彼女なので、マッチングしたお相手にマメに連絡をするのも当たり前。あるとき彼女は彼に電話をします。とくに用事はなかったので、「あなたの声が聞きたくなって電話しちゃった」と言いました。彼女としては軽い気持ちで出た言葉だったそうですが、彼はその言葉にハートを撃ち抜かれたそう。

これがきっかけとなり、2人は成婚となりました。**普通ならちょっと照れてしまうようなことも、すんなり言えてしまうのが、「あざと女子」のすごいところです。**

一方で、普段は「あざとい」部分を見せないことで、よりいっそう「あざとさ」が際立つケースもあります。

それが今回の貴音さん。貴音さんは「あざと女子」の振る舞いは上手になったものの、言葉で相手に伝えることに対し、最後まで苦手意識を持っていました。

だからこそ、電話でのひと言が相手に刺さったのです。素直な言葉をなかなか聞けない相手から突然ストレートに好意を伝えてもらったら……思わずドキッとしてしまいますよね。

図らずも貴音さんは最高のタイミングでギャップを見せることに成功しました。**普段とは違う自分を、いつ、どのように見せるかも「あざと女子」の戦略。**いざというときの奥義として、日ごろから自身のギャップを研究しておきましょう。

「あざと女子」のルール

RULE 50

「あざと女子」は、ここぞという場面でギャップを見せる。

Epilogue
女性はみんな「あざとい」で幸せになれる

最後まで読んでいただき、ありがとうございました。

3人の主人公たちの奮闘はいかがでしたか?

試行錯誤しながら「あざとテクニック」を習得した3人は、それぞれの結末を迎えました。

1人目の主人公、真衣さんは婚活現場で最も多いタイプの女性かもしれません。

30歳を過ぎたのをきっかけに急に焦り始めて婚活を始めるというケースは本当に多いのです。

だからこそ、真衣さんに共感した読者の方もたくさんいらっしゃるのではないかと思います。

まっすぐな性格をした真衣さんは、最初は「あざと女子」に対して嫌悪感を抱いていました。

「あざと女子」ばかりが得をして、そのせいで自分が損をしていると感じていたのです。

しかし、**「あざとテクニック」は他者を蹴落とすものではありません。その逆で、相手を喜ばせるサービス精神なのです。**

そのことに気づいた真衣さんは、そこから一気に変わっていきます。男性からリードされることを待つのをやめて、自分から積極的に動くようになりました。その結果、見事、いいご縁に巡り合うことができたのです。相手の遅刻をチャンスに変えた真衣さんの「あざとテクニック」、機会があれば、ぜひ実践してみてください。効果は絶大のはずです。

さて、「マリーミー」は結婚相談所なので、基本的に婚活に関するお悩みを聞く機会が多いのですが、YouTubeやウェブメディアを通じて恋愛相談もたくさん届きます。

2人目の主人公、風香さんは、そんな恋愛に悩む読者の意見なども参考にした人物です。

風香さんは恋人がいつまでたってもプロポーズしてくれないことに悩み、別れを決意。いまは仕事を優先したい、もっと遊びたい、結婚して縛られたくない……男性が結婚したくない理由はいろいろありますが、なかには風香さんのように女性のほうが「察してちゃん」になっていて、結婚の意思がいっさい伝わっていないケースもあります。

繰り返しますが、「あざと女子」はムダに待ちません。自分の要求はすぐ口に出して伝えます。余計な駆け引きはいっさい不要です。「察してちゃん」をやめた風香さんは結婚という目標設定のために「あざとい」を目指し、素敵な男性と出会うことができました。

自分を大切にできなければ、他者を大切にすることはできません。「あざと女子」になったことで自分の意思で人生をコントロールできるようになったのです。決断を人任せにしないのも「あざとい」の大事なポイント。そして、そういう芯の強い女性を男性は放っておきません。

3人目の主人公、貴音さんはバリキャリでプライドが高いタイプ。自分に自信がありすぎるあまり、相手の気持ちに寄り添うやさしさを失っていました。「あざとい」とは対極にいる女性です。

マリーミーでも自分の考えが正しい、妥協したくないと、かたくなになってしまう会員さんが、男女ともに時々いらっしゃいます。こういう場合、時間をかけてカウンセリングをして少しずつ考え方を変えてもらうようにしています。

プライドが邪魔をして、当然、婚活は苦戦します。婚活というと、なんだか特別なシチュエーションに思えますが、実際は日常の延長線上にあるにすぎません。そこにいるのは、いつもの自分です。日ごろから他者を思いやる心がない人が、お見合いでいきなりやさしい人にはなれません。

婚活と仕事、両方で挫折を経験した貴音さんは、そこで初めて「このままではいけない」と気づき、自分を変えたいと思うようになるのです。

「あざとい」とは与えること。行動だけでなく、言葉でも伝えられるようになった貴音さんは、これから先もきっと、「あざとテクニック」を駆使して幸せをつかんでいくことでしょう。

さて、3人の結末は一見するとハッピーエンドです。

ただし、これで終わりではありません。

結婚生活という物語の第2章は、ここからがスタートなのです。

「結婚したから、あとはなんでもいいや」なんて考えはNG!

結婚後も夫に愛され続ける女性でありたいなら、「あざとテクニック」は一生使い続けるべきです。

「Prologue」でも書いたように、「あざとさ」に年齢は関係ありません。

相手をよく観察して喜ばせることができる女性は、何歳になっても愛されます。「自分はキャラじゃないから」「面倒くさいから」といって自分の可能性を狭めるのはやめましょう。

3人の主人公のように、「あざとテクニック」を身につけたあなたが、幸せをつかめることを祈っています。

植草美幸

結局《けっきょく》、女《おんな》は「あざとい」が勝《か》ち！
仕事《しごと》もお金《かね》も恋愛《れんあい》も結婚《けっこん》も、すべてを勝《か》ち取《と》る最強《さいきょう》ルール50

2025年3月3日　第1刷発行

著　者　植草《うえくさ》美幸《みゆき》

ブックデザイン　藤崎キョーコ（藤崎キョーコデザイン事務所）
イラスト　吉田豚桃
構　成　株式会社 清談社
構成協力　中村未来
編　集　片岡あけの

発行人　岡崎雅史
発行所　株式会社 清談社Publico
〒102-0073
東京都千代田区九段北1-2-2 グランドメゾン九段803
TEL：03-6265-6185　FAX：03-6265-6186

印刷所　中央精版印刷株式会社

ISBN 978-4-909979-61-2 C0095

清談社
Publico

https://seidansha.com/publico
X @seidansha_p
Facebook https://www.facebook.com/seidansha.publico